to
the
FRENCH

who among so many gifts to the civilized world
have enriched it with a language beautiful,
subtle, expressive, and difficult to master . .

BARRON'S

1001 PITFALLS IN *French*

Second Edition

James H. Grew

Former Chairman,
Modern Language Division
Phillips Academy
Andover, Massachusetts

Daniel D. Olivier

French Department
Phillips Academy
Andover, Massachusetts

Barron's Educational Series, Inc.
New York/London/Toronto/Sydney

All inquiries should be addressed to:
Barron's Educational Series, Inc.
250 Wireless Boulevard
Hauppauge, New York 11788

Library of Congress Catalog Card No. 86-17394
International Standard Book No. 0-8120-3720-0

Library of Congress Cataloging-in-Publication Data

Grew, James H.
  1001 pitfalls in French.

  Bibliography: p. 203
  Includes index.
  Summary: A supplementary textbook outlining fundamentals of
the French language and providing help for common obstacles such
as troublesome words, difficult sentence structure, and the metric
system.
  1. French langauge—Text-books for foreign speakers—English.
2. French language—Errors of usage.   3. French language—
Grammar—1950- . [1. French language—Grammar]   I. Olivier,
Daniel D.   II. Title.   III. Title: One thousand one pitfalls in
French. IV. Title: One thousand and one pitfalls in French.
PC2129.E5G74   1986   448.2'421   86-17394
ISBN 0-8120-3720-0

PRINTED IN THE UNITED STATES OF AMERICA
  7 8 9   800   9 8 7 6 5 4 3 2

Contents

Introduction

ONE MAY well ask what this book is exactly. Let's start by saying what it is not. It isn't a dictionary, nor a textbook, nor a grammar to aid in the learning of French. The teacher should not plan to assign a set number of pages to be mastered by the morrow. Rather, it is a book intended to be consulted by teachers and students in the conventional four-year high school and two-year college language sequences. It collects in convenient form many of the pitfalls which plague the learner and are not always easy to track down elsewhere, particularly since contemporary French is undergoing startling changes and some standard textbooks and reference works are no longer up-to-date. Finally the book is an extension of the authors' commitment to the teaching and learning of French in terms of the language itself without recourse to translation, or indeed to any use of English at all.

In order to help identify as many pitfalls as possible, we prepared and circulated two questionnaires, one for students, the other for teachers. We received about 90 returns from the boys here at Phillips Academy and from the girls at neighboring Abbot Academy, returns which proved most helpful. To our surprise they found the chief stumbling blocks the subjunctive and the conjugation of irregular verbs. We ourselves would have said that pronouns and the use of prepositions should have the dubious honor of being the most troublesome. One message came in loud and clear on practically every return—their ardent desire to communicate in the foreign language. They would welcome anything we could do to help them to that goal. Perhaps the most revealing comment came from a third year student at Phillips: "Congratulations on your interest in us, the students! . . . Thank you for your intense concern about the student and his struggling side of the story, and may you prosper infinitely in your workings on the text. From an *eager* student *eagerly* awaiting the summer months to spend a 'pitfall-less' summer in France."

The questionnaire sent to teachers we know either personally or by reputation was also helpful and informative. Pronouns, prepositions, and the use of tenses were identified as major areas of difficulty. We also received numerous examples of text-book French no longer common usage among educated Frenchmen. *Réaliser*, for example, is now a synonym for *se rendre compte* and consequently can be used like its English cognate.

So this book provides fresh mortar to patch up the teaching and learning of French where it has traditionally been leaky. It provides also a flood gate through which "le bon usage" can flow unimpeded to find its natural level among us. American French should be up-to-date and in line with vocabulary and structure already adopted in France. Francophiles should be amused as are the French over the following bit of dialogue ....

la femme: — Est-ce que Monsieur permettrait que je passasse?

le monsieur: — Mais, passassiez, Madame, passassiez.

We have listed among our various categories causing difficulties some "vieux jeu" expressions which are no longer heard, and grammatical usages at variance with what we learn in our texts. Sometimes manuscripts submitted for publication in *The French Review* advocate structure in direct contradiction to what native French contributors tell us is now quite acceptable even though in violation of rules laid down in American grammars.

What to us is most important of all is the necessity of getting the student to think in French so that he can understand and respond to the native speaker without mental translation. The only way to accomplish this is to ban English entirely from the classroom, thus forcing the student, if he is to succeed, to learn through French. Ordinarily, translation has no place at the high school level, for translation is an art and to be able to practice it one must have near-native command of the second language. Its place is in advanced courses and not in courses designed to develop the four basic skills. We feel this so strongly that there is no descriptive or explanatory material in English in this book. There is some English here and there since the book was written for Anglophones and we wished to make very clear how certain sections are to be used, but nothing of consequence to the teaching or learning of the language itself is presented in English. Our intention is to aid the student learn French through using French; the section *Words Difficult to Explain* is typical. The explanations are not necessarily definitions, but examples of the communication process in French that usually leads to understanding and mastery of the word in question. The process can be time consuming, but the teacher's refusal to have recourse to English supports the student in his efforts. A teacher who gives up for the sake of expediency or because he hasn't prepared himself beforehand to cope with the problem will have students who give up also when the going gets tough. We have had between us more than a half-century of teaching. We teach rank beginners and we have trained teachers at the graduate school level. We have found that French can be taught through French, that students can learn to think in it, that our method does work and pays off handsomely, especially when the boys and girls find themselves in a situation where it's French or nothing. Once they are initiated into that special club of those who truly communicate in French, there is no expressing their delight and satisfaction in any language.

Through this book we are trying to spread this gospel, and to avoid the kind of situation that recently spoiled a beau geste on the part of a famous English market town. Twinned with a similar town across the Channel, the English town decided to invite to the opening of its annual fair all the dignitaries from the French city. The arrangements were lavish, the town richly decorated, very gala. But when the French cortege reached City Hall, having been driven from the station, they showed a very distinct coolness. Something had gone wrong. Apparently, there was among the bilingual banners stretched across their route one that proudly announced a "Sale Français". That is the sort of gaffe we would like to do away with.

At the same time it is unrealistic not to take advantage of what the student already knows in English when a concept or usage is similar. That knowledge should be put to maximum advantage. If a word is the same in both languages, or nearly the same, we would expect the resemblance to make identification easier. Students should know all the shortcuts, for instance that initial é and e replace the Latin s which would make the French word recognizable (épier, étude, esprit, espagnol), or that French often has g in place of the English w (Galles, gages). Still, the path is not always smooth. A teacher explaining "if clauses" in French can say that usage is similar in English, only to discover his students don't really know what English usage is in this matter. However, when usage in the two languages is identical, why make a problem of it? We must try to stress the differences in structure, the "faux amis" in vocabulary, and above all, the fact that in one language you don't necessarily say things in the same way as in the other. We feel, for instance, that if the student hears "il *fait* froid, chaud, etc." often enough, he will use that verb and not *être* when he speaks of the weather. It is all very amusing to assure him that in French it is always "faire weather," but we would prefer to have him use the correct verb instinctively without realizing that he is doing anything extraordinary.

One service this book could render is to supplement and often replace the conventional dictionary. Obviously, because of our views about teaching French without recourse to English, English-French, French-English dictionaries are out. It is through using them that such boners are perpetrated as that made by the student trying to translate "The guards, pike in hand, stood before the throne." A hasty look in his English-French dictionary led him to "brochet à la main". And the danger of the French-French dictionary is that the words used in the definitions create confusion, leading the student further afield and wasting time. We tried in this book to identify troublesome words and to explain them in as simple French as possible. Dictionaries should be reserved for advanced classes.

We should like to take this opportunity to express our thanks to those who have helped in so many ways in compiling this book. We are grateful to our students who took time and thought to let us know their views and problems. We are grateful, too, to the teachers who gave us the benefit of their experience and competence. Special appreciation is due our colleagues past and present here at Phillips Academy—Samuel Anderson, Hale Sturges, Stephen Whitney—our two "Français de France"—Catherine Kirkland and Jean Raynaud—and Mme Jean Raynaud who typed our manuscript and solved many of our linguistic perplexities.

In our search we went far beyond the 1001 pitfalls suggested by the title. Still others have been omitted because they were too esoteric for the purposes of this book. We have no aim really other than that of trying to help improve the quality of French teaching and learning in this country, and to bring American French more in line with today's French language. And, of course, we all wish our students to break through to the level of control of a beautiful language where they can find the fun and wonder and delight that French has added to our own lives.

A Note on the Current Edition

It's hard to believe that twelve years have gone by since this work was first published. It has been well received by students and teachers, and many have raised questions, made suggestions, and expressed support and appreciation. It has been exciting, too, to discover an older, non-professional public—people for whom French is still rich and interesting and well worth keeping up with.

My revered co-author and friend, James H. Grew, retired from Andover, and finally from teaching altogether after some very special post-retirement years at the Belmont Hill School. He chose not to become involved with the current revision since he was no longer actively in teaching, but his lovely mind and humor, his commitment to teaching French without recourse to English, and his love for the language are everywhere apparent in these pages.

There are many changes in this new edition. My wish was to incorporate suggestions from teachers and students, to clarify explanations, to improve illustrative sentences and to give more of them. It has been interesting to see a certain conservatism return to current usage, and several permissive trends reversed. Pages have been changed around, but those who know the book will find this edition familiar enough. I hope it will continue to serve well and appeal to new readers.

Two French friends and colleagues in the school year abroad program in Brittany have helped enormously in preparing this new edition. Marcel Bierry and André Gorgues have been life-long teachers of language in French classrooms, and they know and love American students too. They are splendid teachers and people, and represent so well all that I admire in the French that in addition to dedicating this book to the French in general I wish to dedicate it to them in particular with my thanks.

D.D.O.
Wickford, Rhode Island
June 24, 1986

1 ■ On Teaching

HERE ARE seven tips that we have found most helpful in our teaching experience. We pass them on for your consideration. We could add many others. But this is not a Teacher's Handbook exactly, and we have merely included some of the fruits of our experience as their importance has particularly struck us while compiling material for this book.

A. On the teaching of reading

To master the reading skill, one must go much further than build up as large a vocabulary as possible. It is obvious that the wider one's vocabulary the better the chance of understanding what one is reading. But words can always be looked up, and knowing the meaning of each is often not sufficient for comprehension. Teachers should stress the analysis of structure—to point out that the subject is often placed after the verb, what nouns or clauses or words the various pronouns replace and—in poetry—to put back into the normal order a sentence inverted for reasons of meter or rhyme.

B. On the dangers of over-hasty generalizations

A word of caution: be careful of making thoughtless generalities to teach grammar. Surely every viable rule or shortcut has already been discovered. We well remember a student-teacher who conjured up the following rule to explain the pronoun order before the verb: "The object pronoun in the question will always rhyme with the object pronoun in the answer. 'Vous nous voyez ?' becomes 'Je vous vois' ". She then proceeded to give illustrations to her class. All worked very well until she realized that the entire class was using the familiar form in answering her, because *me* and *te* follow her rhyme rule.

C. On the giving of dictées

A dictée should be read three times.
First — at normal speed so that the class may have a general idea of the passage; they should merely listen and not attempt to write.
Second — slowly, by word groups, while the class writes.
Third — at a rate of speed between the two preceding readings while the class checks for careless errors. The class should understand the words for the various marks of punctuation and be instructed always to include them. In scoring, distinguish between two types of mistakes, the more serious to count twice the others. A wrong agreement, an incorrect accent, a single spelling mistake in a word would be considered minor. An omitted word, or an unrecognizable one, or more than one misspelling in a word, would be considered major.

D. Humor

It seems to us that the importance of humor in teaching French must not be underestimated. We do not advocate turning language classes into farces, with continual laughter. On the other hand, the class should not be heavy. The light touch, repartee, puns, all can be turned to profit. When pattern drills begin to lag and student interest to wander, ridiculous questions, but in correct French, can help awaken the distrait and inject much needed enthusiasm in what can all too easily become tiresome routine. After all, no language is so full of nuance and subtlety as French; let even the very beginners become aware of it! And when a class first understands a pun, their satisfaction and delight speak volumes.

E. Unmentionables

In correcting a student, the teacher is tempted to write the error on the board. We believe that no teacher of a language should wittingly write it wrong. A mistake written on the board may stick in a student's mind and subsequently appear to him as correct. Incidentally, in examinations we are opposed to multiple-choice questions offering alternatives which are grammatically wrong.

F. On the giving of tests

Teachers should realize how important it is to draw up the right sort of test. Tests should show what the student has learned, not what he does not know. And it must not be forgotten that tests often reveal, not so much what the student has failed to learn but what his teacher has failed to teach him. Certain factors should always be kept in mind:
1. It is of the utmost importance that the testee know at all times what is expected of him. Directions must be crystal clear. Some teachers even give directions in English to make doubly certain that there is no ambiguity. We would prefer that instructions be given in the target language, but in the simplest form possible. Before there is any testing, the various sorts of directions could be gone over in class.
2. It is important, psychologically, that the start should be easy, and the items gradually proceed to more and more difficult material. For the same reason, easy questions should be at the start of the examination, and they should become more challenging. If a student can start off with a more or less sure thing, he gains confidence and is less inclined to be bothered, later on, by the more complex. Several fill-ins at the beginning are easy for him to handle and tend to put him at ease.
3. Remember: you are not trying to trip anyone. Don't purposely pick the most difficult example of what you are testing. It is quite understandable that there should be one or two really hard questions so that you can distinguish the A student. By the same token there should be one or two exceedingly simple ones, so that even the weakest may have some sense of accomplishment.
4. Try to avoid ambiguities. Too many questions can mean more than one thing, and too many items can be construed in more than one way. Simplicity and clarity are the keynotes. It is not possible to test everything that has been covered in a course. What you really want to know is whether or not your students have absorbed enough to go on to the next item, if it is a weekly or monthly quiz, or to be promoted to the next level, if it is a term-end examination. Establish what you

feel the class should be able to handle by the end of each term or semester, and try to learn if the student's control of those desired skills is sufficient to enable him to continue at a more advanced level. And, above all, learn to use your tests, not only as measuring rods, but also as teaching devices. A question on which the majority of the class has fallen down, and which tests an important component of the language, means more time to be devoted to that concept. From every test, a class should profit and be helped towards mastery of the language.

G. On the correcting of tests

Here is a suggestion which makes the correcting of tests not only more rapid but also means that fewer mistakes will go undetected. Never try to correct one entire paper at a time; instead correct one single part of a question on all the papers; if a dictée, one sentence or even part of a sentence on all the papers. In this way one's mind is focused on one concept only, and it is much easier to pick out the errors. These errors tend to repeat themselves: a word written without its accent, or a *qui* when a *que* is called for. By following this method we find that correcting takes much less time, and that we rarely overlook mistakes.

■ *L'ouvreuse*

En France, et partout sur le continent européen d'ailleurs, il faut donner un pourboire à la personne qui dans les théâtres et les cinémas, vous conduit à vos places, même aux places non-réservées. Il est coutumier de donner 50 centimes par personne dans les cinémas et aux galeries des théâtres, un franc pour des fauteuils d'orchestre ou des loges. On appelle ces personnes des "ouvreuses" car autrefois leur tâche consistait à ouvrir les portes des loges qui encore aujourd'hui restent fermées à clef.

2 ∎ Abbreviations

Here is a list of the most common abbreviations in French, divided into two parts. The first consists of those symbols you will find throughout this text to indicate parts of speech and other grammatical points. Then, other abbreviations which are commonly used and very helpful to know.

A. Grammatical abbreviations used in this book

adj.	adjectif	loc. relat.	locution relative
adv.	adverbe	m.	masculin
cf.	comparez	n.	nom
comp.	comparatif	N.B.	notez bien
conj.	conjonction	p.	page
ex.	exemple	pl.	pluriel
fam.	familier	prép.	préposition
f.	féminin	pron.	pronom
indéf.	indéfini	rel.	relatif
interj.	interjection	s.	singulier
loc. adv.	locution adverbiale	v.	verbe
		v. i.	verbe intransitif
loc. conj.	locution conjonctive	v. imp.	verbe impersonnel
		v. t.	verbe transitif
loc. prép.	locution prépositive		

B. Common French abbreviations

One point to remember: the use of the period differs from English. The French only put it when the last letter of the abbreviation is not the last letter of the word abbreviated. One writes the abbreviation for *Monsieur* with a period—*M.*—but not *Mademoiselle*—*Mlle*—as the word and its shortened form both end with the letter *e*.

C-à-d.	c'est-à-dire
Cie	Compagnie
cm	centimètre
do	*dito*, ce qui a été dit
Dr	docteur
Etc.	*et caetera*, et le reste
E.V.	en ville
g	gramme
Ibid.	*ibidem*, au même endroit
Id.	*idem*, le même
J.-C.	Jésus-Christ
	av. J.-C. = avant Jésus-Christ
	apr. J.-C. = après Jésus-Christ
kg	kilogramme
km	kilomètre
M.	Monsieur
	N.B. On voit beaucoup maintenant
	Mr. comme en anglais.
m	mètre
m²	mètre carré
Me	Maître, titre donné aux avocats, etc.
Mgr	Monseigneur
MM.	Messieurs
Mme	Madame
Mlle	Mademoiselle
N.-D.	Notre-Dame
O.N.U.	Organisation des Nations unies
O.T.A.N.	Organisation du traité de l'Atlantique Nord
P.C.	parti communiste
P.J.	Police judiciaire
P.-S.	*post-scriptum*
P.S.	parti socialiste
Qqch.	quelque chose
Qqf.	quelquefois
Qqn	quelqu'un
Q.G.	quartier général
R.F.	République française
R.S.V.P.	répondez s'il vous plaît
St	Saint

Ste	Sainte
S.E.	Son Excellence
S.D.N.	Société des Nations
S.J.	Société de Jésus
S.M.	Sa Majesté
S.N.C.F.	Société nationale des chemins de fer français
S.S.	police de l'Allemagne nazie
Télé	télévision
T.S.F.	télégraphie sans fil, radio (radio s'emploie davantage)
T.S.V.P.	tourner s'il vous plaît
U.R.S.S.	Union des républiques socialistes soviétiques

■ *Le Tour*

Pour l'anglophone en train d'apprendre le français une petite chose qui tracasse est cette question de donner un genre aux objets. Petite mais importante. Un jour un Américain à Paris, voyant la tour Eiffel de la place de la Concorde, a voulu s'y rendre le plus vite possible. Il a donc hélé un taxi qui passait et a crié au chauffeur "Le tour!" Ce brave chauffeur croyant avoir affaire à encore un drôle d'étranger, a bien contourné la place et a ramené son passager à son point de départ. Celui-ci, furieux, a crié encore plus fort "LE TOUR!" Et encore une fois le taxi a fait le tour de la Place. Dans un tel cas le genre correct s'imposait.

Encore une petite anecdote pour renforcer l'importance de cette question épineuse des genres, anecdote qui passe pour vraie. Il paraît qu'un couple d'Anglais étaient allés dîner dans un restaurant à Paris. En regardant la soupe qui venait de lui être servie, l'homme a appelé le garçon et lui a dit qu'il y avait "un mouche" dans son potage. Le garçon après avoir bien examiné l'assiette a répondu:

—Non, Monsieur, il y a *une* mouche dedans.

Et madame d'observer: "Quelle bonne vue!"

3 ■ Punctuation Marks

There are happily no surprises or *pièges* to speak of in this category. Still, American students are puzzled at first, perhaps, to see dialogue indicated by a dash in the left-hand margin, indicating a different speaker. Usually, in this case, quotation marks are not used.

Signes de Ponctuation

.	un point
,	une virgule
;	un point-virgule
:	deux points
—	un tiret
…	les points de suspension
" "	les guillemets (m.) (ouvrir et fermer)
( )	la parenthèse
?	le point d'interrogation
!	le point d'exclamation
´	un accent aigu
`	un accent grave
^	un accent circonflexe
ç	la cédille
¨	le tréma
-	le trait d'union

N.B. Dans cet ouvrage nous nous servons de ≠ pour indiquer le contraire: *chaud* ≠ *froid*.

Le professeur qui au cours d'une dictée dit, "A la ligne," indique que l'élève doit commencer un paragraphe.

4 ■ Reading Hints

Reading French prose is not too difficult as the word order is not so very different from the English, and the more literary the vocabulary the more similar it becomes. It is the simple words, the names for everyday objects, that differ radically, and these are learned before the student is ready for anything but controlled reading. We have listed here a few gimmicks that might bother the unwary reader. By stopping to reason, one can avoid misinterpreting a not very complicated sentence.

1. Il faut savoir distinguer entre les pronoms relatifs *qui* et *que:*
   qui, sujet du verbe; *que,* objet du verbe.
   Le Français n'aime pas beaucoup terminer une phrase ou une proposition par un verbe et il change l'ordre des mots pour l'éviter. Comparez ces deux:
   La fessée *que* m'a donnée ma mère (que ma mère m'a donnée).
   La fessée *qui* m'a fait mal.

2. Ne soyez pas surpris de voir le verbe *faire* utilisé dans un dialogue:
   —Bonjour, *fit-il.* Pour éviter la répétition constante de *dit-il,* on substitue *fit-il.*

3. Il ne faut pas non plus vous laisser dérouter par l'emploi du subjonctif comme verbe principal: Il *fût* venu plus tôt mais cela n'était pas possible. Cette forme est mise à la place d'un conditionnel, et la phrase veut dire tout simplement: Il serait venu, etc.

4. Une inversion ne représente pas toujours une question. Quand des mots tels que *aussi, peut-être, en vain, à peine* se trouvent à la

tête d'une phrase, l'usage exige une inversion. (Avec *peut-être*, il est possible d'ajouter *que* et de garder l'ordre normal.)
Peut-être viendra-t-il demain.
Peut-être qu'il viendra demain.

5. Et un *ne* n'indique pas toujours une phrase négative. Après certains verbes (*craindre, redouter, empêcher*), après *avant que*, et après une comparaison affirmative qui distingue entre la réalité et l'imaginaire le bon usage demande ce *ne* explétif bien que, de nos, jours, à tendance lá l'omettre devienne de plus en plus répandue et est admise par le Ministre de l'Educaton.
Je crains qu'il *ne* fasse trop froid pour sortir.
Finissez le travail avant que la classe *ne* termine.
Il est plus intelligent qu'on *ne* le croit.

6. Et il faut toujours se rappeler que les livres sont écrits dans le style littéraire. Les temps littéraires, par conséquent, remplacent ceux de la conversation. Pour la plupart des verbes, ces temps sont faciles à reconnaître, mais il faut se méfier de *fus*(être) et *fis,* (faire) de *vis* passé simple du verbe *voir,* et de *vis* présent du verbe *vivre.* cf. p. 47, p. 80, et p. 108.

■ *Pas Mal*

Cette expression, dont une traduction littérale n'est pas exactement flatteuse, en français, au contraire, est plutôt un éloge.

PARTS OF SPEECH

5 ■ Adjectives

A. Adjectives with special masculine singular forms

The following adjectives have two forms in the masculine singular: the form given in the left hand column is, of course, the more common; those in the right are only used before masculine singular nouns beginning with a vowel or mute *h*. Attention is drawn to them because American students tend to forget these alternate forms. Be careful not to use them before a word beginning with an aspirate *h*: *ce héros, ce happening*

ce	cet
beau	bel cf. p. 12
fou	fol cf. p. 12
mou	mol cf. p. 12
nouveau	nouvel cf. p. 12
vieux	vieil cf. p. 12

B. Adjectives with irregular feminines

Vive la différence! *"Vive"* also the students who remember to avoid possible mistakes. They will find here, first the rules and their exceptions, and then a list of common adjectives, the feminine forms of which just don't fit into any convenient pigeon-hole.

1. Les adjectifs qui se terminent en *er* prennent un accent grave: *cher, chère* cf. p. 14

2. Ceux qui se terminent en *en* ou *ien* doublent la consonne: *ancien, ancienne*

3. Aussi ceux qui se terminent en *et*: *muet, muette*
   exceptions: *complète—inquiète*

4. Ceux qui se terminent en *eur* ou *eux* changent la consonne finale
   en *s*: *heureux, heureuse*
   exceptions: *inférieure—meilleure—supérieure—vieille* cf. p. 11

5. Ceux qui se terminent en *f* changent le *f* en *v*:
   actif, active

6. Et maintenant ceux qui ne figurent pas ci-dessus:

bas	basse
beau	belle cf. p. 11
bénin	bénigne
blanc	blanche
bref	brève
cruel	cruelle
doux	douce
épais	épaisse
faux	fausse
favori	favorite
fou	folle cf. p. 11
frais	fraîche
franc	franche
gentil	gentille
gras	grasse
gros	grosse
hébreu	hébraïque
long	longue
malin	maligne
mortel	mortelle
mou	molle cf. p. 11
nouveau	nouvelle cf. p. 11
pareil	pareille
public	publique
quel	quelle
roux	rousse
sec	sèche
tel	telle

C. Adjectives (other than those in E) which are the same masculine and feminine

Teachers work hard to drill home the concept that adjectives must agree in gender and number with the word they modify. The student is pleased not to have to worry about gender in the case of *rouge*, *jaune*, etc. Here are some more he needn't concern himself with except to add an *s* in the plural. And those with an asterisk are invariable and never change.

angora
argent*
auburn*
azur*
bon marché*
chic*
citron*
demi (devant le nom) cf. p. 15

indigo*
kaki*
marron*
nu (devant le nom)*
or*
select
snob

D. Adjectives used as adverbs

Here is another example of how languages can be bent to suit special needs and purposes. We do the same thing in English—to fly *straight*, to sing *true*, etc.

▪ *Petit ! Petit ! Petit !*

Un adjectif très répandu en français est *petit*. On entend si fréquemment "mon *petit* jardin"—"ma *petite* voiture"—"un *petit* moment"—"une *petite* attente," etc. . .

Nous en ignorons la raison pour ceci: modestie? simplicité? C'est difficile à expliquer mais c'est pourtant très courant.

bas	parler *bas*
bon	sentir *bon*
bon marché	acheter (à) *bon marché*
cher	coûter *cher*, payer cher cf. p. 11
droit	continuer tout *droit*
faux	chanter *faux*
haut	parler *haut*
mauvais	sentir *mauvais*
vrai	dire *vrai*

E. Adjectives with two different meanings

KEY:
1. placed before the noun
2. placed after the noun

ancien
1. d'autrefois, ex-
   Un *ancien* officier a été élu président.
2. vieux
   un mobilier *ancien*

bon
1. simple et un peu vieux (en parlant de personnes)
   Une *bonne* femme m'a donné ces herbes.
2. contraire de *mauvais*

brave
1. bon, gentil
2. courageux

certain
1. indique plus ou moins vaguement
   Un *certain* soir nous sommes allés danser.
2. sûr

cher cf. p. 11
1. ce qui est aimé
2. ce qui est coûteux

demi cf. p. 13
1. une fraction, 50%
   Une *demi*-heure dure 30 minutes.
2. encore la moitié, 150%
   Une heure et *demie* dure 90.

Notez que devant le nom *demi* est invariable et suivi d'un trait d'union; après il s'accorde et il est précédé de la conjonction *et*.

dernier
1. final, extrême
   Hier soir il a rendu son *dernier* soupir.
2. le plus récent
   Il est mort la semaine *dernière*.

fameux
1. grand dans le sens d'*important*
   Notre équipe a remporté une *fameuse* victoire.
2. célèbre, connu
   Austerlitz, victoire *fameuse*

fier cf. p. 163
1. le sens de *grand*
   C'est un *fier* imbécile, celui-là.
2. synonyme d'*orgueilleux*
   L'homme *fier* dédaigne de nous saluer.

■ *Les Courants d'Air*

Les volets qui se ferment sur les fenêtres en France sont bien plus solides que les nôtres et n'ont pas toujours de trous pour laisser passer l'air. On les ferme même en été. Résultat: les pièces restent dans l'obscurité, mais on évite les courants d'air dont se méfie tout bon Français.

grand
1. fameux
2. de haute taille

honnête
1. honorable
   une *honnête* situation
2. probe
   une politique *honnête*

méchant
1. Tu es un *méchant* garnement.
2. vicieux, agressif
   Ce chien *méchant* m'a mordu.

même
1. identique
   Ma soeur porte toujours les *mêmes* bijoux.
2. qualité propre à la personne ou à l'objet en question
   Cette femme est l'arrogance *même*.
   qui marque une qualité possédée au plus haut degré
   Cet homme est la bonté *même*.

noir
1. vilain, sinistre
   Son égoïsme est un *noir* trait de son caractère.
2. couleur, antonyme de *blanc*

pauvre
1. digne de pitié ou de mépris
   C'est un *pauvre* type.
2. sans argent
   C'est une famille *pauvre*.

plaisant
1. qui est impertinent, ridicule
   un *plaisant* personnage
2. qui plaît, amuse, est agréable
   un personnage *plaisant*

propre
1. indique la possession
2. contraire de *sale*

sale
1. contraire à l'honneur
C'est une *sale* histoire.
C'est un *sale* individu.

2. antonyme de *propre*
Tu ne porteras plus cette chemise *sale*.

seul
1. unique
Cet homme si désagréable n'a pas un *seul* ami.

2. pas accompagné
Allez parler à cette femme *seule*.

sombre
1. sans satisfaction, sans espoir
Cette *sombre* histoire me fait pleurer.

2. obscur, peu éclairé
J'ai peur dans cette chambre *sombre*.

triste
1. à plaindre, méprisable
C'est un *triste* individu.
(synonyme de pauvre, l; cf. 16)

2. contraire de *gai*
Cette histoire *triste* me donne envie de pleurer.

 Salle de Bains

Si vous demandez où se trouve la salle de bains en sou-
haitant autre chose, attention! En France une salle de bains
très souvent ne contient qu'une baignoire. Le Français, plus
réaliste (?) que nous, a tendance à appeler les choses par
leur nom. Demandez soit les waters, les W.C., les toilettes
ou, par pudeur, "le petit coin," soit le lavabo selon ce
dont vous avez besoin.

6 ■ Nouns

A. Nouns which change meaning according to gender

aide	m.	celui qui donne de l'assistance
	f.	secours, assistance
crêpe	m.	tissu
	f.	galette (crêpes Suzette)
critique	m.	celui qui porte un jugement
	f.	l'art de juger, le jugement lui-même
geste	m.	mouvement
	f.	poème
guide	m.	personne qui conduit, livre
	f.	bande de cuir pour conduire un cheval
livre	m.	ce qu'on lit
	f.	poids (demi-kilo), argent anglais
	f.	livre dans lequel l'on enregistre
mémoire	m.	dissertation
	f.	faculté de se souvenir
merci	m.	remerciement, manière d'exprimer la gratitude
	f.	grâce, miséricorde être à la *merci* de–soumis à l'influence, réduit aux conditions
mode	m.	forme, manière les *modes* des verbes le *mode* de vie
	f.	habitude, fantaisie, goût collectif, vogue, être à *la mode*
mort	m.	homme décédé, au bridge celui qui ne joue pas
	f.	cessation de la vie

moule	m.	objet dans lequel un liquide prend de la forme en se solidifiant
	f.	mollusque
Noël	m.	fête de la nativité, chanson de la nativité
	f.	partie de l'année qui comprend le 25 décembre
parallèle	m.	comparaison entre deux sujets
	f.	terme de géométrie ou de géographie
pendule	m.	balancier
	f.	objet qui indique l'heure, plus grand qu'une montre et plus petit qu'une horloge, qu'on place sur une table, ou une cheminée
physique	m.	forme d'une personne
	f.	science
pique	m.	une des couleurs noires d'un jeu de cartes
	f.	arme médiévale
poêle	m.	fourneau
	f.	ustensile de cuisine
poste	m.	emploi
	f.	administration des lettres
radio	m.	la personne qui s'occupe de la radio
	f.	l'appareil lui-même
solde	m.	terme commercial qui indique la somme d'une facture qui reste à payer, vente à un prix avantageux—en *solde*, les *soldes*
	f.	l'argent que reçoit un militaire (soldat)
tour	m.	mouvement circulaire, promenade
	f.	bâtiment haut
vase	m.	récipient pour les fleurs
	f.	boue au fond d'une rivière, d'un marais,
voile	m.	de la mer, etc.
	f.	étoffe fine
		toile d'un yawl, d'un sloop, etc.

B. Nouns with irregular feminines

This is a satisfying category for those of us who are unwilling to see the disappearance of all distinctions between men and women. You might expect the French to be holding the fort in grand style on this one, and they are. Students actually seem to enjoy the irregularities here, so all is not lost, although mistakes are made.

un acteur	une actrice
un aviateur	une aviatrice
un bélier	une brebis
un bouc	une chèvre
un canard	une cane
un cerf	une biche
un conducteur	une conductrice
un conspirateur	une conspiratrice
un coq	une poule
un daim	une daine
un diable	une diablesse
un dieu	une déesse
un dindon	une dinde
un empereur	une impératrice
un étalon (cheval)	une jument
un favori	une favorite
un frère	une soeur
un garçon	une fille
un gendre	une bru
un Grec	une Grecque
un héros (*h* aspiré)	une héroïne (*h* muet)
un historien	une historienne
un homme	une femme
un instituteur	une intitutrice
un loup	une louve
un maître	une maîtresse
un mâle	une femelle
un monsieur	une dame
un mulet	une mule
un nègre	une négresse
un neveu	une nièce
un ogre	une ogresse
un oncle	une tante

un pair	une pairesse
un papa	une maman
un parrain	une marraine
un pauvre	une pauvresse
un pécheur	une pécheresse
un pêcheur	une pêcheresse
un père	une mère
un porc	une truie
un prêtre	une prêtresse
un prophète	une prophétesse
un roi	une reine
un sauvage	une sauvagesse (rare)
un serviteur	une servante
un sot	une sotte
un Suisse	une Suissesse
un taureau	une vache
un Turc	une Turque

C. Masculine nouns which apply to females as well

agent	docteur
agresseur	écrivain
amateur	escroc
ancêtre	fournisseur
ange	guide
antagoniste	historien
assassin	imposteur
auteur	ingénieur
bandit	interprète
bébé	juge
bourreau	libraire
censeur	mannequin
charlatan	médecin
chef	ministre
critique	monstre
démon	oppresseur
député	orateur
despote	peintre
disciple	penseur

philosophe	sauveteur
pionnier	sculpteur
politique	successeur
possesseur	témoin
prédécesseur	tyran
professeur	vainqueur
régisseur	voyou

D. Feminine nouns which apply to males as well

The list isn't long now, but the way things are going it may be too long to include in the next edition.

brute
célébrité
clarinette
dupe
majesté
personne
recrue
sentinelle
star
vedette
victime

E. Nouns with different meanings singular and plural

A curious category, examples of which are rather rare in English. We speak of something being an *honor*, and a host might ask a friend to do the *honors* during a brief absence. The meaning has certainly changed from the singular to the plural. More common in English is a word with one meaning as an adjective and another as a plural noun: this book is *new*; what is the *news*?

Examples are perhaps easier to find in French, but some of them go through the same metamorphosis as their English equivalents. In any case, one has to be alert to be sure to interpret the correct meaning.

affaire, f.	s.	même sens qu'en anglais
	pl.	commerce
bien, m.	s.	contraire de *mal*
	pl.	possessions

ciseau, m.	s.	outil pour le sculpteur
	pl.	outil pour couper le papier ou une étoffe
convenance, f.	s.	conformité, harmonie, rapport
	pl.	les règles de politesse, d'usage
		respecter *les convenances*
frais, m.	s.	l'air tiède—il prend le *frais.*
	pl.	les dépenses—les *frais* d'un voyage
grain, m.	s.	petite parcelle (grain de sable)
	pl.	les céréales
habit, m.	s.	costume porté par les hommes pour les grandes soirées (cravate blanche)
	pl.	ensemble de vêtements
lunette, f.	s.	télescope
	pl.	ce que portent ceux dont la vue est mauvaise
politesse, f.	s.	ensemble des règles de civilité
	pl.	paroles, actes de politesse
		Ils se font des *politesses.*
profondeur, f.	s.	distance entre la surface et le fond
	pl.	endroit profond
progrès, m.	s.	mouvement en avant
	pl.	améliorations
reste, m.	s.	ce qui demeure
	pl.	ossements
solitude, f.	s.	état d'être seul
	pl.	endroit désert
trait, m.	s.	action de tirer, ligne qu'on trace, fait remarquable, ce qui caractérise
		Il a montré un *trait* de courage extraordinaire.
		Un bon *trait* de son caractère c'est sa mansuétude.
	pl.	parties du visage qui permettent de reconnaître l'individu
vacance, f.	s.	état d'être vide
	pl.	congé
		les *vacances* de Pâques
		partir en *vacances*

F. Nouns used only in the plural

When a *jeune fille* is planning her *épousailles* it doesn't mean she's looking forward to a succession of marriages. Many of the words in this category are plural in form but singular in meaning, yet not all.

aguets (être aux), m.	être sur ses gardes, épier
aïeux, m.	ancêtres
appointements, m.	salaire
cf. p. 68 et p. 111	
archives, f.	collection de manuscrits, lieu où on les garde
condoléances, f.	sympathie
confins, m.	limites
dépens, m.	frais
directives, f.	instructions, ordres (rare au sing.)
entrailles, f.	intestins
épousailles, f.	célébration de mariage (terme vieilli)
fiançailles, f.	promesse de mariage
funérailles, f.	cérémonie mortuaire
gens, m. et f.	les personnes
moeurs, f.	habitudes
nippes, f.	vêtements pauvres et usés
obsèques, f.	cérémonie funèbre
pleurs, m.	larmes
pourparlers, m.	conférence à propos d'une affaire
semailles, f.	action de planter
ténèbres, f.	obscurité profonde
cf. p. 175	
toilettes, f.	les W.C.

■ A Dire et à Ne Pas Dire

Il n'est pas très distingué en quittant quelqu'un d'employer l'expression "au plaisir (de vous revoir)". On doit dire de préférence "à bientôt" ou "à tout à l'heure", ou une tournure un peu plus longue telle que: "Nous nous reverrons la semaine prochaine à la conférence"; "J'espère vous revoir sous peu".

G. Irregular plurals of nouns and adjectives

This category is sown with potential *pièges*, but may not really be that troublesome since students sometimes remember irregularities better than innocuous items. It's the irregularities that give a language a little spice, but this comment should not be construed in such a way as to include mistakes.

1. Les noms et les adjectifs qui se terminent en *s*, *x*, ou *z* ne changent pas au pluriel: le fils, les fils; le choix, les choix; le nez, les nez; le gaz, les gaz
2. Ceux qui se terminent en *au*, *eu*, ou *eau* prennent un *x*: le joyau, les joyaux; le feu, les feux; le tableau, les tableaux
   exceptions: les *pneus*, les *landaus*, *bleus*
3. Ceux qui se terminent en *al* changent *al* en *aux*: le cheval, les chevaux; le général, les généraux
   exceptions: les *bals*, les *carnavals*
   exceptions aussi, les adjectifs:

banal	glacial
choral	jovial
fatal	natal
final	naval

4. Quatre noms en *ail* changent *ail* en *aux*:

les baux	les travaux
les émaux	les vitraux

5. Sept noms en *ou* prennent un *x*:

les bijoux	les hiboux
les cailloux	les joujoux
les choux	les poux
les genoux	

6. D'autres irrégularités:

le ciel	les cieux (poésie, peinture)
madame	mesdames
mademoiselle	mesdemoiselles
monsieur	messieurs
un oeil	deux yeux
le sketch	les sketches

Quelques curiosités

1. **Des noms masculins au singulier, féminins au pluriel:**
   amour, généralement du masculin au singulier comme au pluriel, amour est féminin au pluriel au sens de "passion d'un sexe pour l'autre" —de *nouvelles amours,* des *amours séduisantes.* En poésie, *amour* est quelquefois féminin au singulier: *une amour violente,* mais *amour* aujourd'hui est presque toujours du masculin.

   délice   m.s. Lire un bon roman est *un* pure *délice.*
          f.pl. Les heures passées avec elle sont mes plus *chères délices.*

   orgue, est du masculin au singulier comme au pluriel sauf dans le terme "les *grandes* orgues"

2. **Noms masculins ou féminins selon le sexe de la personne:**
   un élève   une élève
   un enfant   une enfant
   un secrétaire   une secrétaire

Le cas du mot *gens,* toujours au pluriel, présente quelques problèmes spéciaux: cf. p. 80

a. Les adjectifs qui précèdent ou suivent se mettent au masculin:
   Tous les *gens vertueux* sont *heureux.*

b. Si l'adjectif se trouve immédiatement devant, lui et tous ceux qui précèdent se mettent au féminin:
   Toutes les *vieilles gens.*

c. Mais si l'adjectif immédiatement devant, termine au masculin par un *e* muet, tout adjectif précédant redevient masculin:
   Tous les braves *gens.*

d. On évite de se trouver dans des cas impossibles ou ridicules comme "les gens bons", homonyme de "jambons".

■ *Le Foie*

A entendre parler un Français on dirait que le seul organe digestif qu'il possède c'est son foie. Toutes ses maladies, ou peut s'en faut, sont du foie. Il passe ses vacances dans les villes d'eau à le soigner. Poutant quand le touriste américain aura fait le même jour deux repas gastronomiques, il commencera à comprendre que le Français n'exagère en rien, et que lui aussi ferait bien de penser à son foie.

H. Some invariable nouns and adjectives

Here is a list of some invariables. To give them all would be too confusing and the list too long. Quite a few of the nouns are compound nouns. Their spelling is often capricious, sometimes written as one word, sometimes with hyphens. The formation of the plural is both contradictory and misleading. For instance there is *cache-pot*, invariable, and *couvre-lit*, which takes an *s*. There are really no helpful rules to guide one. An example is the word *gratte-ciel*. Usually the plural of a word consisting of a verb and a noun makes the noun plural and leaves the verb alone. But the plural of *ciel*, *cieux*, is poetic and not too frequent, so *gratte-ciel* remains invariable. It is best to check these irregularities instead of plunging in when you are not sure.

Des mots que ne changent pas au pluriel:

abat-jour	m.	ex-voto	m.
après-midi	m.	faire-part	m.
ci-devant	m. ou f.	fume-cigarette	m.
crédo	m.	gagne-pain	m.
décorum	m.	gratte-ciel	m.
dito		guet-apens	m.
extra	m.	on-dit	m.

prie-Dieu	m.	sans-coeur	m.
pur-sang	m.	sans-gêne	m.
remue-ménage	m.	trompe-l'oeil	m.
requiem	m.	va-et-vient	m.
réveille-matin (reveil)	m.	va-nu-pieds	m.
rez-de-chaussée	m.	volte-face	f.
sans-abri	m.		

Tous les composés avec:

anti	(antigel; m.)
coupe	(coupe-papier; m.)
crève	(crève-coeur; m.)
porte	(porte-monnaie; m.)

Et aussi:

a. deux adjectifs de couleur reliés par un trait d'union:
   les fleurs *bleu-vert*.

b. un nom et un adjectif de couleur reliés par un trait d'union:
   les chapeaux *gris-perle*.

Certains noms employés comme adjectifs restent invariables:
   des pommes *nature*
   des robes *sport*.

N.B. *Un* après un mot féminin est invariable:
   la page *un*.

■ Le Concierge

Le concierge est une véritable institution en France, institution qui a tendance à disparaître. Généralement un couple, ils ont comme tâche de surveiller les entrées et les sorties de leur immeuble, de nettoyer l'entrée et les escaliers, de distribuer le courrier, de veiller sur la propreté et la bonne tenue de la maison. Autrefois, on fermait la grande porte à 10 h du soir et celui qui rentrait tard était forcé de sonner, d'attendre, et de savoir que de sa loge Madame ou Monsieur notait son retour et était fort capable d'en parler le lendemain à tout le voisinage.

L'origine du mot concierge remonte loin dans le passé au Palais Royal de l'Ile de la Cité à Paris, appelé aujourd'hui la Conciergerie. Elle vient du mot *cierge* (*chandelle*), et le "concierge" était censé s'occuper de l'éclairage de tout l'édifice.

■ La Vache Espagnole

Presque tout le monde connaît l'expression "parler comme une vache espagnole", qui veut dire parler très mal le français. L'origine de l'expression est moins connue. C'est une corruption de "parler français comme un Basque espagnol". Puisque les Basques sont presque tous trilingues — leur propre langue, l'espagnol et le français — on pourrait peut-être leur pardonner leur français.

7 ■ Prepositions

There is no question that the preposition causes American students a great deal of trouble. It is rare that one can see a consistent logic at work. Why should there be two prepositions used with the word *avion*, for instance, both *en* and *par?* Well, there is a difference that the French see:

en avion—Une personne voyage *en* avion.
par avion—Une lettre arrive *par* avion.

French prepositions can be rather amusing as well as perplexing. The sentence "Il monte à cheval" is clear enough, but "à cheval sur un éléphant" brings a smile to the American face.

A. Certaines choses à se rappeler

1. Devant un infinitif, certains verbes exigent la préposition *à*, d'autres la préposition *de*, et un troisième groupe, à peu près la moitié, rien. Il n'y a pas de règles, et il est à déconseiller d'apprendre des listes par coeur
   On peut toutefois recommander qu'en apprenant un verbe on apprenne en même temps sa préposition, e.g. *réussir à, empêcher de.*

2. Avec les verbes impersonnels comprenant *être*, l'usage correct exige *il* et *de* si le vrai sujet se trouve après:
   Il est important *de* faire son travail.
   et *ce* et *à* s'il précède:
   Le travail? *C'*est facile *à* faire.
   Mais aujourd'hui, surtout dans la conversation, "*C'*est important *de* faire son travail" trouve de plus en plus droit de cité.

3. On emploie toujours *pour* si l'infinitif répond à la question sous-
entendue "pourquoi?" Cf. p. 88 et p. 185
Il va au marché *pour* acheter une grosse poule.

A NOTER: Avec les verbes *aller, descendre, monter* et *venir* on a tendance à supprimer le *pour* s'il n'y a pas besoin de le faire ressortir.
"Il vient me voir" indique une visite seulement mais "Il vient *pour*
m'expliquer la chose" indique une raison précise.

4. Après un nom ou un adjectif il faut employer la préposition *de*:
J'ai la permission *de* partir.
Je suis heureux *de* partir.
mais *prêt à, apte à, tendance à.*

5. Quand l'infinitif a un sens passif on emploie la préposition *à*:
C'est un film *à* éviter.
C'est bon *à* manger.

A NOTER: La préposition *après* exige le passé de l'infinitif. Exemples:
Après avoir mangé nous nous sommes couchés.
Après être rentrés nous nous sommes mis à table.

B. Les prépositions qui expriment le temps

Et voici quelques autres sources d'erreurs, les prépositions qui
expriment le temps:

1. *Dans* indique le futur:
Il aura fini tout son travail *dans* trois heures.
2. *En* indique le temps employé pour faire quelque chose:
Il a fait le trajet de chez lui *en* trois heures.
3. *Depuis* a le sens de *à partir de*, cf. p. 51 et 160:
Il est ici *depuis* trois heures.
N.B. Cette phrase a deux sens: il est arrivé à trois heures; voilà trois
heures qu'il est ici.
4. *Pendant* a le sens de *durant*:
Il a parlé à ses amis *pendant* trois heures.
5. *Pour* indique le temps prévu:
Il va à la campagne *pour* trois jours.

C. La préposition *à* dans les descriptions

Dans les descriptions on emploie *à* pour ce qui est permanent—la jeune fille *aux* yeux bleus—et l'article défini sans préposition pour une caractéristique temporaire—Elle est assise *les* yeux fermés.

A ou *De?*
1. Je suis obligé *de* partir (adjectif)
   On m'oblige *à* partir (verbe)
2. Je suis décidé *à* partir. (adjectif)
   Je me suis décidé *à* partir. (verbe réfléchi)
   On me décide *à* partir. (verbe)

D. *De* et *pour* devant l'infinitif

1. Certaines prépositions ajoutent un *de* devant l'infinitif:
   afin, avant
   afin de partir
   avant de partir
   N.B. Ces mots suivis de *que* sont des conjonctions.
2. *Assez* et *trop* exigent *pour* devant un infinitif:
   J'ai *assez* d'argent *pour* l'acheter.
   J'ai *trop* de devoirs *pour* pouvoir vous accompagner.

En français, la forme verbale après une préposition est l'infinitif à une seule exception: avec *en* on se sert du participe présent (le gérondif).

E. Quelques usages supplémentaires

envers et vers
Envers veut dire *à l'égard de*:
Il est très aimable *envers* les pauvres.
Vers indique la direction ou l'approximation:
Tournez-vous *vers* la fenêtre.
Il va arriver *vers* deux heures.
N.B. *Envers* une personne
Vers une chose

parier
On parie *pour* une personne: Je parie *pour* le joueur à la casquette.
On parie *sur* un animal: Je parie *sur* ce cheval.
On parie *avec* ou *contre* un autre: Je n'aime pas parier *avec* votre frère *contre* vous.

reconnaissant

On est reconnaissant *envers* une personne: Je suis fort reconnaissant *envers* mes parents.

Mais: Je *lui* suis reconnaissant *de* s'être chargé de mes enfants pendant mon absence.

souhaiter

Ce verbe se construit avec ou sans *de* devant un infinitif:

Je souhaite vous voir ou je souhaite *de* vous voir.

Mais le *de* est obligatoire si le souhait s'adresse à une personne:

Je *vous* souhaite *de* bien faire à l'examen.

Il y a des cas où le français comme l'anglais se passe de préposition quand normalement on en attendrait: *parler politique*; Je vous ai vu la dernière fois *fin mars*.

Mais, en général, il n'y a pas d'ellipse des prépositions, et certaines comme *à, de* et *en* se répètent devant chaque complément: Elle a écrit *à* son père, *à* sa mère, et *à* son frère.

Dans le cas d'autres prépositions, la répétition est facultative et sert à souligner, à faire ressortir chaque complément: Elle s'est lavé les mains *avec* de l'eau chaude, *avec* du savon et *avec* une brosse à ongles.

EXPRESSIONS FAITES AVEC LES PREPOSITIONS

F. Quelques expressions avec la préposition à:

à bâtons rompus	à l'âge de
à bicyclette (à cheval, à pied)	à l'aube
à bientôt (à demain, etc.)	à l'heure
à bon marché	à l'horizon
à coeur ouvert	à la main
à genoux	à l'ombre (au soleil)
à haute voix (à voix basse)	à l'oisir
à jamais (pour toujours)	à mesure
à la française (à l'anglaise, etc.)	à moitié

à portée de main
à tâtons
à temps
au printemps
aux yeux bleus
c'est à moi
c'est à voir
écrire au crayon (à l'encre,
    à la machine)
enclin à
être au désespoir
être homme à (être capable de)

instrument à cordes (à vent)
mal au dos (au bras,
    à la gorge, etc.)
situé à
sujet à
une casserole à queue
un arbre à fleurs blanches
un fils à papa
un livre à 100 francs
un oiseau à gros bec
une fille à tout le monde

G. Quelques expressions avec la préposition *contre*

échanger une chose contre une autre
marcher contre l'ennemi
se fâcher contre

H. Quelques expressions avec la préposition *dans*

coûter dans les vingt francs, il a dans les cinquante ans
dans la nuit, dans la matinée
dans la rue
lire dans un livre, dans un journal

I. Quelques expressions avec la préposition *de*

de force
de loin
de long en large
de mon mieux
de nos jours
de nouveau

de temps en temps (à autre)
de toujours
arriver de nuit
discuter de
dix de fait
haut de (large de, long de)

payer de sa poche

quoi de neuf ?

rien de bon (mauvais, etc.)

rouge de colère (de honte, etc.)

traiter de voleur

(trois) jours de libre

deux noms unis par *de*

des pommes de terre

un chef de bureau

une couverture de lit

un pot de vin

une queue de cheval

***de* devant un adjectif**

quelque chose de beau, de mauvais, d'intéressant, de difficile, de bête, etc.

***de* après un participe passé**

accompagné de

aimé de

compris de

connu de

précédé de

respecté de

soutenu de

J. Quelques expressions avec la préposition *en*

en auto (taxi, avion, etc.)

en automne (été, hiver)

en avant (arrière)

en bas (haut)

en bleu, etc.

en bon état

en bras de chemise

en chemin (route)

en cuivre (étoffe, fer, etc.)

en déshabille

en dessous (dessus)

en droit (médecine, etc.)

en forme

en tenue

en toute franchise

être en nage

fondre en larmes

supérieur en nombre

K. Quelques expressions avec la préposition *par*

par ailleurs
par beau temps
par-ci, par-là
par contre
par dedans
par dehors
par derrière (devant)
par dessous (dessus)
par douzaine (dizaine,
  centaine, etc.)
par surprise
par trop

entrer par la fenêtre (porte)
envoyer par avion
passer par Paris (New York,
  etc.)
payer tant par personne
payer tant par jour (semaine,
  mois, etc.)
regarder par la porte (fenêtre)
tenir par la main (la manche,
  etc.)
transporter par bateau
trois fois par an (semaine, etc.)
venir par le train

L. Quelques expressions avec la préposition *sur*

sur commande
sur le boulevard
sur l'herbe
sur l'heure du dîner
sur la droite (gauche)
sur mesure
aller sur ses quatre (dix, etc.)
  ans
différer sur une question
discuter sur quelque chose
être sur le point de (partir,
  se coucher, etc.)

être sur son départ
fermer la porte sur
  quelqu'un
lire sur le journal (expression
  populaire)
marcher sur Paris
oeufs sur le plat
un sur dix (sept sur huit,
  etc.)
une clé sur la porte)

M. Table géographique

ON VA		ON VIENT
en	PAYS FEMININS	de
au, aux	PAYS MASCULINS	du, des
à	VILLES	de

8 ■ Pronouns

This is the category identified by teachers as one of the most troublesome, and —obviously— it is one of the most important. More pattern drills are probably concerned with pronoun substitution than with any other single grammatical concept. And all objective tests, from the most elementary to Advanced Placement, contain questions which require the substitution of pronouns for nouns, or the position of pronouns vis-à-vis verbs. You will find here tables for the most common pronouns, personal, relative, interrogative—and some hints to avoid confusion, some rules to help you distinguish between persons and things, subjects and objects. You will find, however, as you study more and more, and are subjected more and more frequently to substitution exercises, that there is a logic to pronoun use, and with close attention you should avoid using a direct object pronoun as subject, or a relative for an interrogative. One little hint that may help you to avoid silly errors: When you face a question dealing with pronouns, try to see the "catch". Teachers as well as those who make out standardized tests love to trip the unwary. As an example, there is one interrogative—*qu'est-ce qui?*—which does not have a parallel, shorter form. Therefore, the student has no option.

A. Les pronoms personnels

SUJET	TONIQUE (ACCENTUÉ)	DIRECT OU INDIRECT
je	moi	me
tu	toi	te
il, elle	lui, elle	se
nous	nous	nous
vous	vous	vous
ils, elles	eux, elles	se

seulement direct   seulement indirect

le   lui
la   lui
les   leur

Table pour leur position devant le verbe

$$\left.\begin{matrix} \text{me} \\ \text{te} \\ \text{nous} \\ \text{vous} \end{matrix}\right\} \text{devant} \left.\begin{matrix} \text{le} \\ \text{la} \\ \text{les} \end{matrix}\right\} \text{devant} \left.\begin{matrix} \text{lui} \\ \text{leur} \end{matrix}\right\} \text{devant} \begin{matrix} \text{y} \\ \\ \text{en} \end{matrix}$$

a. On ne peut avoir qu'un seul ou deux pronoms:
   Je la mange.
   Je le lui donne.
   Ne me le donne pas.
b. On ne peut employer *Y* et *EN* ensemble sauf avec *Il y avoir*:
   Il y en a.
   Il y en avait, etc.
   N.B. On ne peut employer *Y* avec *irai, irais*, etc. pour éviter
       "ee-ee".
c. Quand *me, te, se, nous* et *vous* sont "direct" le pronom régime indi-
   rect est forcément un pronom tonique (accentué) objet de la prépo-
   sition *à*:
   Il me présente à sa femme = Il me présente à elle. (me-direct)
   Il me présente sa femme = Il me la présente. (me-indirect)
d. A l'impératif affirmatif les pronoms se placent après le verbe, et y
   sont reliés par un trait d'union aussi bien que l'un à l'autre:
   Donnez-*le-lui.*
e. Après le verbe, un objet direct précède toujours un objet indirect et
   les pronoms *me* et *te* deviennent *moi* et *toi* sauf devant *y* ou *en*:
   Donnez-*le-moi*!
   Mais: Donnez-*m'en*! (On laisse tomber le trait d'union quand il y
   a une apostrophe.)
f. La place du pronom personnel est devant le verbe. On dit normalement, "Je vous parle", et non pas comme le veulent beaucoup
   d'élèves américains, "Je parle à vous". On peut dire en français, "Je
   parle à vous" mais ce serait pour fixer l'attention de la personne à

qui on parle, une personne qui ne sera pas flattée qu'on lui parle sur ce ton-là. "Je parle à vous" ne se dit pas sinon exprès.

g. Deux verbes présentent une difficulté particulière: *penser à* et *s'intéresser à*.

Si l'objet de *à* est une personne, il faut employer un pronom tonique:
Je pense à Pierre = Je pense à lui. Je m'intéresse à Claudine = Je m'intéresse à elle.

Si l'objet de *à* est une chose:
Je pense à mon travail = j'*y* pense.
Je m'intéresse à mon travail = Je m'*y* intéresse.

B. Les pronoms relatifs

	SUJET	OBJET DIRECT	OBJET D'UNE PREPOSITION
PERSONNE	Qui	Que	Qui, lequel, etc.
CHOSE	Qui	Que	Lequel, etc

Si la préposition est *de* on peut dire *dont* au lieu de *de qui, duquel,* etc. si la phrase ne contient pas d'autre préposition:
Voici le docteur *dont* je suis le fils.

MAIS

Voici le docteur au fils *duquel* j'ai parlé.
Ensuite il ne faut pas oublier que le mot *dont* se place à côté de son antécédent:
Qui est cette femme *dont* le fils vient de se marier?
        ⌊_____↑

Et que les formes de *lequel* peuvent en être séparées:
Qui est cette femme au fils de *laquelle* vous venez de parler?
        ⌊_____↑

Si le pronom relatif peut servir de réponse à la question "où?", on peut remplacer la forme relative par ce mot:
Voici le bureau *dans lequel* je travaille.

OU

Voici le bureau *où* je travaille.

Généralement quand il est possible de le faire, le Français évite de placer un verbe à la fin d'une proposition. Donc il écrit:
"les amis *que* cherche Marie", ce qui n'est point la même chose que "les amis *qui* cherchent Marie."

En lisant il faut faire attention de ne pas confondre un *qui* sujet avec un *que* objet.

N.B. Un pronom relatif s'emploie après *ce* quand la proposition qui précède ne fournit pas d'antécédent.

Ce = (la chose):

Il est important de lui dire *ce qui* est arrivé (la chose qui est arrivée).

Il est important de lui répéter *ce que* vous avez dit (la chose que vous avez dite).

Je ne comprends pas *ce dont* elle parle (la chose dont elle parle).

C. Les pronoms interrogatifs

	SUJET	OBJET DIRECT	OBJET D'UNE PREPOSITION
PERSONNE	Qui?	Qui?	Qui?
	Qui est-ce qui?	Qui est-ce que?	
CHOSE	Qu'est-ce qui?	Que?	Quoi?
		Qu'est-ce que?	

Dans les formes composées la première partie indique *personne* (*qui*) ou *chose* (*que*), tandis que la seconde partie indique *sujet* (*qui*) ou *objet* (*que*).

Notez qu'il n'y a qu'une forme pour "sujet chose": Qu'est-ce qui?

D. D'autres pronoms interrogatifs

Lequel, etc. indique un ou plusieurs objets parmi un groupe:

Lequel de ces livres est le vôtre?

Qu'est-ce et *qu'est-ce que c'est* exigent une définition:

Qu'est-ce qu' un hexagone? Un polygone à six côtés.

Pour les questions indirectes et avec les pronoms démonstratifs, les trois formes sont:

ce qui (*sujet*), *ce que* (*objet*), *ce . . quoi* (*objet d'une préposition*):

Racontez-moi *ce qui* s'est passé.

Montrez-moi *ce que* vous avez écrit.

Dites-moi *ce de quoi* (*ce dont*) vous vous plaignez.

N.B. *Dont* ne s'emploie jamais dans les questions directes.

9 ■ Verbs

Verbs probably cause more grief for the student than any other part of speech. There is first of all the question of irregularities in their conjugation. Then, the question of the proper auxiliary, for more than the classic fifteen can take *être* and some of them can take *avoir*. And finally the trickiest question of all: what preposition to use, if any? For this there are no short cuts or all-embracing rules concerning what may, must, can or cannot be used under certain circumstances.

What follows is in five parts. Part I deals with orthographic changes in regular *er* verbs, and with certain *pièges* in irregular verbs.

Part II lists the famous fifteen *être* verbs plus others which are sometimes conjugated with *être*.

Part III deals with distinctions of tense and mood.

Part IV deals with the agreement of verb and subject.

Part V gives hints of what prepositions should follow certain verbs and under what circumstances. You will find there rules for the "*Faire* Construction", verbs which take the direct object in French and a preposition in English, others which do the contrary, and still others which may have one object or the other.

PREMIERE PARTIE

A. Les changements orthographiques des verbes du premier groupe

L'élève devrait se consoler du fait que plus que la moitié de tous les verbes français appartiennent à la première conjugaison, les verbes qui se terminent en *er*. Il n'y en a que deux qui sont irréguliers, *aller* et *envoyer*. Pourtant, certains sont sujets à des changements orthographiques:

41

a. Les verbes en *CER*
le *c* devient *ç* devant un *a* ou un *o*: nous *plaçons*

b. Les verbes en *GER*
le *g* devient *ge* devant un *a* ou un *o*: nous *mangeons*

c. Les verbes en *YER*
le *y* change en *i* s'il y a un *e* muet dans la syllabe suivante: il *envoie*. Ce changement est facultatif si la terminiason est *ayer*—il *paie* ou il *paye*.

d. Les verbes en *E* consonne *ER*
dans quelques verbes *e* devient *è* devant un deuxième *e* muet: il *mène*
La plupart—*appeler, épeler, jeter, renouveler*—double la consonne au lieu de changer le *e* en *è*: il *appelle*, il *jette*.

e. Les verbes en *é* consonne *ER*
é devient *è* devant un *e* muet sauf au futur et au conditionnel: il *espère*, il *espérera*

Dans la conjugaison des verbes en *er* le *e* muet se trouve:

a. au singulier du présent de l'indicatif et à la troisième personne du pluriel

b. au singulier du présent du subjonctif et à la troisième personne du pluriel

c. au singulier de l'impératif

d. dans tout le futur

e. dans tout le conditionnel

Pour savoir ce qu'est un *e* muet: c'est un *e* sans accent qui n'est pas suivi d'un *c* ou d'un *r* ou d'un *z* dans la même syllabe.

Pour déterminer si un *r* ou un *z* se trouve dans la même syllabe, il faut savoir diviser un mot en syllabes:

Commencez par la fin, prenez la première voyelle ou diphtongue en y joignant toute consonne capable de se prononcer. On va ainsi jusqu'au commencement du mot:

EXEMPLES: en / ver / rai   a / me / ner   a / mè / ne / rai

Remarquez qu'au futur le *r* n'est plus dans la même syllabe que le *e*.

B. Difficultés soulevées par les verbes en *ir*

Le participe présent des verbes réguliers de cette conjugaison termine en issant: finir—*finissant*; rougir—*rougissant*]

Mais, en voici des verbes irréguliers en *ir* dont le participe présent termine tout simplement en *ant*

bouillir	mourir	servir
courir	offrir	sortir cf. p. 87
couvrir	ouvrir	souffrir cf. p. 96
cueillir cf. p. 44 et p. 141	partir cf. p. 87	tenir
dormir cf. p. 77	(se) repentir	venir
mentir	sentir	vêtir

Il y a en outre d'autres irrégularités dans ces verbes:

a. Le groupe "couvrir" (*couvrir, offrir, ouvrir, souffrir*) se conjugue au présent de l'indicatif comme les verbes du premier groupe et en plus leur participe passé se termine en *ert*:

 je couvre   couvert

b. Le groupe "dormir" (*dormir, mentir, partir,* se *repentir, sentir, servir, sortir*) et le verbe *vêtir* se conjuguent au présent de l'indicatif comme les verbes du troisième groupe:

 je dors   nous dormons

c. Pour quatre de ces verbes le participe passé se termine en *u*:

 couru   venu
 tenu   vêtu

d. Et quatre sont irréguliers au futur:

 je courrai   je tiendrai
 je mourrai   je viendrai

e. Quant au verbe *bouillir*, le présent de l'indicatif se conjugue:
 je bous, tu bous, il bout, nous bouillons, vous bouillez, ils bouillent

f. Le verbe *mourir* est irrégulier au participe passé—mort—au présent de l'indicatif—je meurs, tu meurs, il meurt, nous mourons, vous mourez, ils meurent—au futur: mourrai, mourras, etc.—et au présent du subjonctif: que je meure, que tu meures, qu'il meure, que nous mourions, que vous mouriez, qu'ils meurent

g. Et finalement, les verbes *tenir* et *venir* sont également irréguliers au présent de l'indicatif — je tiens, tu tiens, il tient, nous tenons, vous tenez, ils tiennent—et au présent du subjonctif—que je vienne, que tu viennes, qu'il vienne, que nous venions, que vous veniez, qu'ils viennent
Le verbe *cueillir* cf. page 43 et page 141 se conjugue au présent de l'indicatif et au futur comme un verbe en *er*, mais le participe passé est régulier:

je cueille

je cueillerai   cueilli

C. Il y a sept verbes qui prennent deux *r* au futur et au conditionnel

	FUTUR	CONDITIONNEL
acquérir	j'acquerrai	(s)
conquérir	je conquerrai	(s)
courir	je courrai	(s)
envoyer	j'enverrai	(s)
mourir	je mourrai	(s)
pouvoir	je pourrai	(s)
voir	je verrai	(s)

D. Il y en a deux dont la racine de l'imparfait diffère de celle du participe présent

avoir	ayant	j'avais
savoir	sachant	je savais

 Merci

Attention en vous servant de ce mot. Si on vous demande par exemple, "Voulez-vous du café?" un simple "merci" serait une réponse négative. Si, en réalité, vous en voulez, vous devriez dire: "Oui, je veux bien," "Avec plaisir" ou "Volontiers."

E. Il y en a quatre dont la 3e personne du pluriel du présent se termine par ont

aller	ils vont
avoir	ils ont
être	ils sont
faire	ils font

F. Ceux dont les impératifs viennent du subjonctif:

avoir	aie, ayons, ayez
être	sois, soyons, soyez
savoir cf. p. 74	sache, sachons, sachez
vouloir	veuille, veuillons, veuillez

G. Il y en a trois qui ont *es* comme terminaison à la seconde personne du pluriel du présent

vous dites　　　　vous êtes　　　　vous faites

H. Deux verbes seulement n'ont pas *ions* et *iez* au pluriel du présent du subjonctif

avoir	que nous ayons, que vous ayez
être	que nous soyons, que vous soyez

I. Le participe passé de trois verbes prend un accent circonflexe:

croître	crû
devoir cf. p. 149	dû
mouvoir	mû (mais pas les composés de *mouvoir: émouvoir, promouvoir*)

J. Les verbes qui prennent l'accent circonflexe à la troisième personne du singulier du présent de l'indicatif

apparaître	il apparaît
connaître cf. p. 74	il connaît
croître	il croît
naître	il naît
paître	il paît
paraître	il paraît
plaire	il plaît

K. Les verbes en *indre* ennuient beaucoup l'étudiant. Il faut faire surtout attention aux deux participes et aux deux présents (de l'indicatif et du subjonctif). Voici la liste des plus importants

astreindre	feindre
atteindre	geindre cf. p. 164
ceindre	joindre
contraindre	oindre
craindre	peindre
empreindre	plaindre
éteindre	teindre cf. p. 97
étreindre	

Et en plus il ne faut pas confondre ces verbes avec ceux qui se terminent en *oudre*: absoudre dissoudre résoudre.

j'astreins	j'absous
tu astreins	tu absous
il astreint	il absout
nous astreignons	nous absolvons
vous astreignez	vous absolvez
ils astreignent	ils absolvent
astreignant, astreint	absolvant, absous(te)

L. Les composés de *dire*

a. *redire* se conjugue comme *dire*

b. *contredire, dédire, interdire, médire* et *prédire* aussi sauf à la 2e personne pluriel: vous *dédisez*, etc.

c. *maudire* se conjugue comme *finir*, i.e. les verbes réguliers du 2è groupe.

M. Quelques autres verbes à signaler

élire qui se conjugue comme *lire*
luire qui se conjugue comme *conduire*
prévoir conjugué comme *voir* sauf au futur et au conditionnel: je prévoirai(s).

N. Quelques verbes dont le passé simple n'est pas toujours facile à reconnaître

avoir	j'eus	pleuvoir	il plut
connaître	je connus	cf. p. 89 et p. 106	
être	je fus	prendre	je pris
cf. p. 10 et p. 79		savoir	je sus
faire	je fis	tenir	je tins
cf. p. 10 et p. 79		venir	je vins
mettre	je mis	vivre	je vécus
cf. p. 85		voir	je vis
naître	je naquis	cf. p. 10 et p. 108	
plaire	je plus		
cf. p. 106			

O. Avec quatre verbes il est possible (mais pas obligatoire) de supprimer le *pas* à la forme négative, les verbes "cops"

cesser
oser
pouvoir
savoir

Toutefois avec *pouvoir* et *savoir* l'absence du *pas* atténue la force de la négation: *"je ne sais pas"* est bien plus catégorique que *"je ne sais"*.

DEUXIEME PARTIE

A. Les verbes conjugués avec *être:*

1. Tous les verbes pronominaux
je me *suis* réveillé
elle s'*est* habillée
nous nous *sommes* assis

2. Si vous voulez apprendre par coeur la liste des verbes conjugués avec *être*, rappelez-vous cette série de participes passés. En les mémorisant par groupes de trois il est facile de les fixer dans l'esprit:
allé / sorti / parti
venu / revenu / devenu
entré / resté / tombé
arrivé / mort / né
monté / descendu / retourné
Un des auteurs de ce livre a appris cela en 1918 et ne l'a jamais oublié.

L'autre préfère une liste moins complète mais facile puisqu'il s'agit d'antonymes:

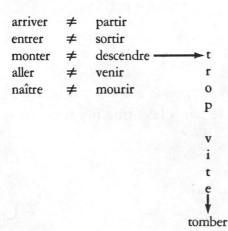

arriver	≠	partir
entrer	≠	sortir
monter	≠	descendre ——→ t
aller	≠	venir r
naître	≠	mourir o

p
v
i
t
e
↓
tomber

B. Quelques verbes qui se conjuguent avec _avoir_ ou _être_:

demeurer
se conjugue avec _être_ au sens de rester en quelque endroit, s'arrêter—
La femme _est demeurée_ longtemps à la porte pour parler avec le facteur.
se conjugue avec _avoir_ aux autres sens—
J'_ai_ longtemps _demeuré_ dans le Kentucky.
N.B. On demeure _dans_ une rue, _dans_ une avenue, _dans_ une impasse.
On demeure _sur_ un boulevard, _sur_ un cours, _sur_ une place.

disparaître
se conjugue avec _être_ pour exprimer le résultat d'une action, avec _avoir_ pour exprimer l'action elle-même.
Mes clés _sont disparues_ depuis un bon moment.
Mes clés _ont disparu_ hier.

passer
se conjugue avec _être_ ou _avoir_ selon qu'il s'agit d'exprimer le fait accompli ou l'action—
Cette mode _est passée._
Henri IV _a passé_ une nuit ici.

Les verbes qui suivent sont conjugués avec _être_ ou avec _avoir_ selon qu'ils sont intransitifs ou transitifs.

descendre
Je _suis descendu_ du taxi.
J'_ai descendu_ la malle du grenier.

monter
Je _suis monté_ au cinquième étage.
J'_ai monté_ des bouteilles de la cave.

rentrer
Je _suis rentré_ dans la maison tout à l'heure.
J'_ai rentré_ la voiture dans le garage.

retourner
Mon père n'*est* pas encore *retourné* à son bureau.
J'ai retourné mes cartes sur la table

sortir
Je *suis sorti* de chez moi à quatre heures.
J'ai sorti une chemise du tiroir

TROISIEME PARTIE
LES VERBES: TEMPS ET MODES

Le choix du temps et du mode du verbe français présente des problèmes pour l'Américain. Ces difficultés proviennent du fait qu'en ces domaines la langue française est plus précise, plus logique, et plus nuancée que l'anglais. Un Américain se contente souvent du présent lorsqu'un futur est indiqué; il est rare qu'un Français ait un tel choix, et jamais après *dès que, lorsque,* etc. De même, celui-ci est obligé de se servir d'un présent avec *depuis* quand la situation dont il parle continue toujours.

Le subjonctif s'emploie davantage en français qu'en anglais bien que son importance diminue en France aussi. Néanmoins, il n'y a aucune classe sociale qui puisse s'en passer quoiqu'il y ait des gens qui ignorent qu'ils s'en servent.

Ce qui suit n'est pas complet. Il faudrait consulter les grammaires pour savoir toutes les règles et toutes les exceptions. Mais nous avons signalé les pièges les plus importants et y avons ajouté des renseignements utiles.

Quelques usages *obligatoires* en français, *facultatifs* en anglais

a. Après certaines conjonctions—notamment *quand, lorsque, aussitôt que, dès que* et *après que*—il faut employer le *futur* ou le futur antérieur si le verbe principal est au futur.
Dès que la pluie *cessera* nous sortirons.
Il serait plus correct de dire "aura cessé", mais cette précision a tendance à disparaître de la langue courante.

b. De même, après ces conjonctions, le bon usage demanderait un *passé antérieur* pour indiquer une action qui précède une autre dans le passé—*eut cessé*—mais tout comme le *passé simple*, ça fait pédant aujourd'hui. Et on n'emploierait jamais un *passé antérieur* et un *passé composé* dans la même phrase. Il y a toutefois le *passé sur-composé*—*a eu cessé*—mais cette forme fait un peu trop populaire. Aussi considère-t-on que les deux participes passés *(eu cessé)* font lourd. En tout cas, le passé surcomposé est à déconseiller. Substituez soit le parfait du participe, *ayant cessé*, soit un autre passé composé, *a cessé*.

Ainsi:
La pluie *ayant cessé* nous sommes sortis.
ou
Dès que la pluie *a cessé* nous sommes sortis.

c. Si une action, commencée dans le passé, n'est pas encore terminée, on emploie le *présent* avec *depuis, il y a . . . que, voilà . . . que* et à la forme interrogative *depuis quand?* cf. p. 31 et p. 160
Voilà trois jours *que* je *suis* souffrant—ou—
Il y a trois jours *que* je *suis* souffrant—ou—
Je *suis* souffrant *depuis* trois jours.
Depuis quand êtes-vous malade?

Si une telle action s'arrête à un moment précis dans le passé, la même construction s'emploie avec l'imparfait:
Il y avait trois jours *que j'étais* malade quand il est venu me voir.
Depuis quand étiez-vous malade quand le docteur est venu vous voir?

d. Le conditionnel s'emploie non seulement dans des phrases avec *si* (cf. p. 95) mais aussi pour exprimer un *futur* dans le *passé*—
Il a dit qu'il *viendrait* demain.
et pour rendre moins péremptoire une demande—
Voudriez-vous m'aider à le faire?

e. L'emploi du subjonctif ne devrait pas trop importuner nos classes une fois qu'on accepte le principe qu'un subjonctif existe aussi en anglais. En français il y a quatre temps du subjonctif dont deux—l'imparfait et le plus-que-parfait (j'*eusse*—j'*eusse eu*)—ne s'emploient que dans la littérature. Des deux autres—le présent et le parfait (j'*aie*—j'*aie eu*)—il faut employer le subjonctif présent si le verbe en question exprime une action *présente* ou *future*, autrement on se sert du *parfait*.

En général, le subjonctif est obligatoire:

1. après les expressions de doute

2. après les expressions d'émotion

3. après les expressions de volonté

4. pour indiquer un impératif à la troisième personne

5. après les verbes impersonnels qui indiquent un fait douteux, possible, ou éventuel

A NOTER: Le verbe *sembler* employé impersonnellement exige le *subjonctif* tandis que son synonyme *paraître* est invariablement suivi de l'*indicatif*. Pour le Français le mot *probable* est évidemment plus positif qu'en anglais puisqu'il exige l'*indicatif*.

6. après certaines conjonctions (voir à la page 55)

Il y a d'autres cas moins précis

7. après un superlatif qui exprime une opinion:
C'est *la plus belle* église que je *connaisse.*
Mais, pour exprimer une réalité: C'est *la plus vieille* église qui *est* toujours ouverte pour le culte.

8. après une négation qui n'est pas basée sur une certitude:
Il n'y a *personne* qui *sache* la réponse.
Mais: Dans cette ville il n'y a *personne* qui *a* cent ans.

9. quand on parle de quelque chose qu'on n'a pas encore trouvé:
Je cherche un livre qui *contienne* tous les renseignements néces-saires.
Mais: J'ai trouvé le livre qui *répond* à toutes mes questions.

A NOTER: Ni *dire* ni *savoir* n'entraînent le subjonctif.

Penser, croire, espérer sont suivis de l'indicatif quand ils sont employés affirmativement; mais négativement il y a doute, donc subjonctif. Pour la forme interrogative, c'est une question de ce qui se passe dans la tête de celui qui pose la question, s'il y a doute ou non: "Pensez-vous qu'il *vienne?*" indique une possibilité; "Pensez-vous qu'il *est* déjà arrivé?" indique une probabilité.

On n'emploie pas le subjonctif ordinairement après la conjonction *si*. Toutefois, si une phrase conditionnelle contient plus d'un verbe, on peut remplacer *si* par *que* et on met cet autre verbe au subjonctif:

S'il vient et *que* je le *voie* je lui en parlerai.

Il faut encore noter que le subjonctif remplace souvent un des verbes ou les deux dans la phrase conditionnelle. Cet usage est très répandu dans la littérature:

"S'il avait été malade il n'aurait pu sortir" peut être rendu: "S'il *eût été* malade il n'*eût pu* sortir" ou même "*Eût*-il *été* malade il n'*eût pu* sortir."

f. La différence entre l'imparfait et le passé composé (ou passé simple): Voici un des pièges les plus traîtres et le plus trompeur de la langue française.

En principe l'imparfait indique:

a. une action habituelle ou répétée

b. une description

c. ce qui se faisait au même temps qu'une simple action, tandis que le passé composé indique ce qui a eu lieu une seule fois.

Mais la littérature est bourrée d'usages qui paraissent incorrects selon ce que nous disent les grammaires.

Quelques pièges à signaler:

a. "Quand j'étais jeune je *croyais* au Père Noël" indique une habitude tandis que "quand j'étais enfant j'*ai fait* un rêve extraordinaire" indique une seule fois.

b. "Hier soir je *portais* trois chandails" indique que c'était pour toute la soirée tandis que "Hier soir j'*ai porté* trois chandails" laisserait croire que je m'en suis dévêtu avant sa fin.

c. "Il *était* tué dans un accident" laisse supposer qu'il s'agit d'un chat et qu'il a fallu supprimer neuf vies! "Il *a été* (ou *fut*) tué" serait plus correct.

Une règle à se rappeler:

Tandis qu'il est possible d'employer deux imparfaits pour des actions simultanées, on ne le fait pas avec le passé composé sans les lier par une conjonction comme *et* ou *ou*:

Parce qu'il *pleuvait* il ne *pouvait* pas sortir.

Parce qu'il pleuvait il *est resté* chez lui *et a aidé* sa femme à faire le ménage.

g. Le participe présent cf. p. 184

1. Le participe présent peut s'employer comme adjectif; alors *il s'accorde* comme tout adjectif. Comme verbe *il ne s'accorde pas*.
   Ce sont des jeunes filles *charmantes*.
   Ce sont des jeunes filles *amusant* toute l'assistance.

2. Il peut également être employé comme gérondif; alors il est invariable.
   En *marchant*, les jeunes filles ont cueilli des fleurs.
   N.B. Le gérondif ne peut se rapporter qu'au sujet de la phrase.

 Bonne Chance

On croit que ça porte malheur si on emploie cette expression comme en anglais. Il faut plutôt dire, "Je vous en souhaite beaucoup," ou bien alors, "Je ne vous le dis pas."

---

h. La voix passive

Le passif en français peut s'exprimer de trois façons:

1. Comme en anglais quand il y a sujet et objet, avec le verbe *être* comme auxiliaire:
   L'homme *a été renversé* par la voiture.

2. En employant le pronom sujet *on* avec le verbe à l'actif, à la troisième personne du singulier:
   On parle français au Québec.

3. En mettant le verbe à la forme pronominale:
   Le français *se parle* au Canada.
   La préposition *par* s'emploie pour indiquer la source d'une action:
   Il a été tué *par* une bombe.
   Mais s'il s'agit d'une émotion ou d'une description, servez-vous plutôt de la préposition *de*:
   Il était aimé *de* tous.
   Un lac qui était entouré *de* sapins.
   N.B. Il faudrait ajouter que la voix passive est à éviter à moins qu'il n'y ait un complément d'agent (*par* + *son objet*). On préfère de beaucoup lui substituer *on* ou un *verbe pronominal*.

i. Une liste des conjonctions qui exigent le subjonctif (avec les prépositions correspondantes par lesquelles on peut éviter le subjonctif
s'il n'y a pas changement de sujet: "Je viendrai vous dire au revoir
avant de partir." mais "Je viendrai vous dire au revoir *avant que*
vous (ne) *partiez.*")

1. afin que	afin de
2. à moins que	à moins de
3. avant que	avant de
4. bien que	
5. de crainte que	de crainte de
6. de façon que*	de façon à
7. de manière que*	de manière à
8. de peur que	de peur de
9. en cas que	en cas de
10. encore que	
11. excepté que	excepté
12. jusqu'à ce que**	jusque
13. loin que	loin de
14. malgré que	malgré (+ nom)
15. moyennant que	moyennant
16. non pas que	
17. pour que	pour
18. pour peu que	
19. pourvu que	
20. quoique***	
21. sans que	sans
22. si peu que	
23. soit que	soit
24. à supposé que	

*Ces conjonctions sont suivies du subjonctif quand elles indiquent
un *but*: Il travaille de façon qu'il *soit* reçu à tous les concours.—
mais de l'indicatif quand elles indiquent un résultat—Il a travaillé
de façon qu'il *a été* reçu à tous ses examens. Cf. p. 185-6
**L'indicatif s'emploie s'il s'agit d'un fait accompli: Il a porté des
culottes courtes jusqu'à ce qu'il *a atteint* l'âge de onze ans.
***Notez que c'est la seule de ces conjonctions qui s'écrit en un seul
mot.

■ *Un Etage de Moins ?*

N'oubliez pas qu'en Europe le système pour indiquer les étages des bâtiments diffère du nôtre: ce que nous appelons le premier étage se nomme *rez-de-chaussée*. Leur premier est notre deuxième, et ainsi de suite. Donc un édifice français de trois étages représenterait en Amérique un building de quatre étages.

QUATRIEME PARTIE
L'ACCORD DU VERBE

1. En règle générale, le verbe s'accorde en nombre et en personne avec le sujet, quelle que soit la place de celui-ci, avant ou après le verbe.

2. Si le verbe a deux sujets de personnes différentes, il sera, bien sûr, au pluriel mais l'accord sera avec la personne ayant priorité sur les autres (*première* sur la *deuxième* et la *troisième, deuxième* sur la *troisième*):
   Toi et moi irons au parc.
   Lui et moi irons au parc.
   Toi et lui irez au parc.
   A NOTER: Souvent les deux sujets sont résumés par un pronom sujet:
   Toi et moi, *nous* irons au parc.

3. Lorsque le sujet est un nom collectif, le verbe sera au singulier si le collectif est précédé de l'article défini:
   Le grand nombre d'incendies *a* causé une augmentation du coût des polices d'assurance.
   Il en est de même si le collectif est modifié par un adjectif démonstratif ou possessif:
   Cette tribu de sauvages *disparaîtra* bientôt.
   Quand le collectif est précédé de *un, une*, l'accord se fera soit avec le collectif (singulier) soit avec le complément (pluriel) selon que l'un ou l'autre frappe le plus l'esprit.

Une foule d'amis *est* venue me voir à l'hôpital.

Une foule d'amis *sont* venus m'y voir.

4. Néanmoins, avec les collectifs *assez de, beaucoup, bien des, combien de, la plupart, peu de, tant de, trop de, un nombre de, une infinité de,* l'accord se fait avec le complément.

Trop de mes amis *pensent* que j'ai tort.

5. Avec *plus d'un* le verbe sera au singulier. Avec *moins de deux* le verbe sera au pluriel.

Plus d'un verre s'*est* cassé.

Moins de deux verres ont été cassés.

6. Après le pronom relatif *qui* le verbe s'accorde avec l'antécédent.

C'est moi *qui ai* téléphoné.

C'est vous *qui l'avez* dit.

7. Après deux noms ou pronoms au singulier unis par *ou*, le verbe sera au singulier si l'un des termes exclut l'autre.

Le président *ou* un autre *se chargera* de la réunion.

Mais le verbe sera au pluriel si *ou* a plus ou moins le sens de *et*.

Une surprise *ou* n'importe quoi *pourraient* provoquer une crise néfaste.

8. Avec *ni . . . ni* le verbe sera singulier ou pluriel selon le sens de la phrase. cf. p. 185 et p. 188

Ni Pierre *ni* Henri ne *sont* venus (deux personnes ne sont pas venues).

Ni Pierre *ni* Henri ne *pourra* être élu (une personne seulement sera élue).

■ *Hébreu ou Grec ?*

Quand un Français ne comprend rien à ce qu'il lit ou entend, il dit: "C'est de l'hébreu" au lieu de "C'est du grec" comme nous. Un Français dirait également, "C'est du chinois."

CINQUIEME PARTIE
L'EMPLOI DES PREPOSITIONS AVEC LES VERBES

La distinction entre verbe *transitif direct* et verbe *transitif indirect* n'a pas été très nette au cours des siècles. Un verbe comme *obéir*, maintenant *indirect,* était autrefois *direct,* tandis qu'*aider,* autrefois *indirect,* est actuellement *direct.* Un troisième verbe, *manquer*, s'emploie des deux façons: manquer un train, manquer *à* son devoir. De tout ceci, une conclusion se dégage: c'est qu'une langue doit répondre aux exigences de la communication, doit se plier pour permettre de belles nuances, doit se mouvoir avec liberté à travers les vieilles frontières grammaticales.

A. Des verbes qui exigent un objet *indirect*

aller	Cette robe va très bien *à* ma mère.
déplaire	Ça déplaît *à* mes parents si je suis en retard.
désobéir	Mon père n'est pas content si on *lui* désobéit.
échouer	L'élève paresseux a échoué *à* l'examen.
nuire	Sa paresse *lui* nuit, *à* cet élève.
obéir	Obéissez toujours *à* vos maîtres.
participer	*A* quels sports participez-vous?
plaire	Ce garçon sait plaire *à* toutes les femmes.
profiter*	Son travail ne *lui* a point profité.
remédier	Il faut remédier *à* tous ses maux.
renoncer	Il est difficile de renoncer *au* tabac.
répondre	Il a pu répondre *à* toutes mes questions.
résister	Il résiste mal *au* froid.
ressembler	Elle ressemble tellement *à* sa soeur.
seoir (rare)	Il ne sied pas *aux* jeunes de critiquer leurs aînés.
succéder	Louis XVI a succédé *à* Louis XV. Cf. p. 122
suffire	Une fois devrait *lui* suffire.

*Mais on dit: Il n'a point profité *de* son travail.

A NOTER: *Habiter* s'emploie avec ou sans préposition:
J'habite une maison ou j'habite *dans* une maison.
J'habite la campagne ou j'habite *à* la campagne.

B. Des verbes qui exigent un objet indirect pour les personnes et la préposition *de* devant un infinitif

commander	demander*	ordonner
conseiller	dire	permettre
convenir	interdire	promettre
défendre		

Le général a commandé *à* ses troupes *d*'avancer.
J'ai promis *à* mes parents *de* rentrer à l'heure.
*On dit *demander à* s'il ne s'agit que d'un infinitif.
L'élève a demandé *à* sortir.
mais: J'ai demandé *à* mes amis *de* m'aider.

C. Des verbes qui sont suivis de la préposition *de* devant un infinitif mais qui la changent en *à* à la forme réfléchie

décider de	se décider *à*
refuser de	se refuser *à*
résoudre de	se résoudre *à*

■ *Les Héros   Les Zéros*

On se demande quelquefois comment une langue "claire et logique" comme le français est capable de nous donner *le héros* mais *l'héroïne*. *Héros*, *h* muet, ne ferait pas de mal au singulier, mais au pluriel il ferait *les héros*, qui ne pourrait se distinguer de *les zéros*.

D. Des verbes suivis d'un objet direct (et pas par une préposition comme en anglais)

attendre cf. p. 69   écouter
   p. 111 et p. 155   payer
chercher   regarder

E. Des verbes dont l'emploi cause des difficultés

Croire cf. p. 76

croire quelqu'un: C'est accepter comme vérité ce que dit quelqu'un.
croire à quelqu'un: C'est avoir confiance en cette personne.
croire une chose: C'est l'accepter comme vraie.
croire à une chose: C'est y tenir.
Je crois le témoin qui a vu l'accident.
Je crois son témoignage.
Je crois *en* Dieu, mais pas *au* Diable.
Je crois *au* socialisme.

devoir   cf. p. 149

faire   cf. p. 79 et p. 149

Ce verbe s'emploie quand on cause quelque chose.
Dans ce cas, le verbe *faire* est un demi-auxiliaire et est suivi d'un infinitif sans préposition. Un objet *nom* se place après l'infinitif, un objet *pronom* devant le *faire*.
S'il y a seulement un objet, il est toujours direct:
Je fais réparer la voiture.
Je *la* fais réparer.
Je fais travailler le mécanicien.
Je *le* fais travailler.
Mais
Je fais réparer la voiture au mécanicien.*
Je *la lui* fais réparer.
S'il y a deux objets, la chose faite est l'objet direct, celui qui la fait est l'objet *indirect*.

*Il est aussi permis de dire *"par* le mécanicien".

La même construction se fait avec *écouter, entendre, laisser, regarder,* et *voir:*

Je n'ai jamais entendu chanter Caruso.

Je ne l'ai jamais entendu chanter.

Aux temps composés avec *faire* il n'y pas d'accord puisque le régime direct se trouve l'objet de l'infinitif et pas du verbe *faire:*

les chansons que j'ai *fait* chanter.

Le nom *chansons* est l'objet direct de *chanter* et pas de *faire.*

Avec les autres demi-auxiliaires, *entendre, regarder,* etc., le participe peut s'accorder si l'objet qui précède est le vrai sujet de l'infinitif:

les musiciens que j'ai *entendus* jouer.

Mais le participe reste invariable si cet objet est celui de l'infinitif:

la musique que j'ai *entendu* jouer.

N.B. Le Ministère de l'Education estime actuellement que cet accord du participe passé qu'on vient de noter n'a plus aucune utilité. Il est intéressant de voir changer la langue française, et nous sommes ravis, comme nos élèves, qu'il y ait un piège de moins; pourtant, ne changeons pas le titre de ce livre pour le moment.

pardonner
transitif direct ne se dit que des choses:

Je pardonne sa *conduite.*

On pardonne une *chose à* une personne.

payer
On paie une personne ou une chose. Jamais on ne paie "pour" une chose. Non! Non! et Non!

Je paie la viande.

Je paie le boucher.

Je paie la viande au boucher.

Je paie la viande vingt francs.

prendre
La préposition après *prendre* indique où un objet est pris:

Il a pris ceci *dans* son tiroir.

Il a pris le crayon *sur* le bureau.
Il a pris la boîte *sous* le lit.
Il a pris son pardessus *à* la patère.

A NOTER: C'est contraire à l'usage anglais.

F. Des verbes dont le sens change selon la préposition

En français, comme en anglais, la préposition qui suit le verbe peut changer le sens de celui-ci d'une façon remarquable. Pourtant, il y a tendance en français à donner plus d'importance au verbe. En général il y aura en français un verbe précis là où en anglais c'est la préposition qui pèse.

commencer	
à, de	prépositions généralement employées J'ai commencé *à* (*de*) lire le journal.
par	dans le sens de *premièrement*— J'ai commencé *par* acheter les provisions, puis...
se connaître à cf. p. 74	savoir tout d'une chose— Il se *connaît à* faire l'imbécile.
se connaître en cf. p. 74	être bon juge d'une chose— Il se *connaît en* peinture.

N.B. Cette distinction se fait de moins en moins. En plus, *se connaître en* a une variante, *s'y connaître en*: Il *se connaît en* peinture = Il *s'y connaît* en peinture. (Ne pas oublier l'accent circonflexe devant le *t*).

échapper à	éviter, sortir— Il a échappe *à* la mort. Ce mot a échappé *à* l'enfant.
s'échapper de	s'évader Il s'est échappé *de* prison

finir

de   préposition généralement employée—
                 J'ai fini *de* manger.

par   dans le sens d'*enfin*—
                 J'ai fini *par* le voir après toutes ses démarches.

jouer
 cf. p. 82

à   pour les jeux, les sports—
                 Je joue *au* bridge, *au* tennis (on dit également:
                 faire du tennis)

de   pour les instruments de musique—
                 Je joue *du* piano (faire du piano)

manquer
 cf. p. 150

à   ne pas faire—
                 Il manque *à* son devoir.
                 aussi regretter l'absence—
                 Ses amis *lui* manquent.

de   ne pas avoir—
                 Nous manquons *de* provisions.

penser

à   réfléchir—
                 Je pense *à* mes parents.

de   avoir une opinion—
                 Que pensez-vous *de* cette pièce?
                 (employé seulement dans les questions directes
                 ou indirectes)

répondre

à   faire une réponse—
                     Je réponds *à* la question.

de   être garant de quelqu'un ou de quelque chose—
                     Je réponds *de* son honnêteté.

servir
cf. p. 95
à   être bon à—
                     La gomme sert *à* effacer.

de   prendre la place de—
                     Son grand frère lui sert *de* père.

se servir de   utiliser
                     Je *me sers d'*un couteau pour couper ma viande.

tenir

à   attacher beaucoup d'importance—
                     Je tiens *à* ma réputation.
                     N.B. *Tenir à* suivi d'un infinitif =
                     désirer beaucoup—
                     Je tiens *à* voir ce film.

de   ressembler—
                     Je tiens *de* mon père.
                     savoir quelque chose par quelqu'un
                     d'autorisé—
                     Je le tiens *du* secrétaire du Ministre.

venir

à   un fait fortuit—
                     Il vient *à* passer = par hasard il a passé.

de   le passé très récent—
                     Il vient *de* mourir.

SPECIAL PROBLEMS

10 ■ Confusions

This is a big category and an important one. There are many words and expressions that either resemble one another in their spelling or, although spelled quite differently, are close in meaning. In either case they lead to confusion and error.

A student applying to School Year Abroad in France and required to write in French describing himself and his family stated, "Je suis le cadet de la famille. J'ai deux soeurs plus âgées que moi, toutes les deux épuisées. Une a deux petits enfants et l'autre attend un bébé." The confusion between *épousé* (married) and *épuisé* (very tired) is rather amusing and has a certain logic of its own. The story illustrates, however, the *piège* that Americans can stumble into. What the French would really say is, "toutes les deux mariées."

How many students reading this can distinguish right now between *original* and *originel?* Check yourself by looking up *original* in this category. Were you right? If so, you're pretty good; if not, don't be discouraged. There would be no need for this book if there were no problems. We are convinced that knowing the difference will measurably increase the satisfaction you get out of French.

agir cf. p. 155	faire une action
s'agir de,	
v. imp.	être question de
les aïeuls, n.m.	grands-parents
les aïeux, n.m.	ancêtres
ailleurs, adv.	pas ici
d'ailleurs, conj.	en addition

Allemagne, n.f. le pays
cf. p. 140

Allemand, n.m. l'homme, ou *allemand*, adj., l'industrie *allemande*

alentour, adv.	tout autour Il n'y avait personne dans la maison ni *alentour*.
aux alentours, **n.m.pl.**	dans les environs Ils habitent *aux alentours* de Boston.
autour de, **loc. prép.**	Les planètes tournent *autour du* soleil. Il était *autour* de midi = environ midi.
aller, cf. p. 148 **et p.** 184	contraire de *venir*
s'en aller	synonyme de *partir*
alors, adv.	à ce moment Je sortais, *alors* il m'a demandé de lui rapporter un journal.
puis, adv.	indique la suite Il a écouté attentivement, et *puis* il a parlé à son tour.
amener, v.	conduire quelqu'un à l'endroit où l'on est Viens dîner avec nous et *amène* un ami si tu veux. On *amène* une personne. On *apporte* une chose.
apporter, v.	porter une chose à l'endroit où l'on est J'*apporte* mes livres au cours de français.
emporter, v.	porter une chose à un endroit différent Ne laisse pas tes livres ici; *emporte*-les.
amener, v.	faire venir avec soi J'ai *amené* mes enfants à la plage.
emmener, v.	conduire ailleurs, en un autre endroit Les enfants sont partis avec leur mère, qui les *a emmenés* à l'école. Si le chien vous dérange, je l'*emmènerai* dans la cuisine. N.B. Souvent, on dit *conduire* pour *emmener*.
âme, n.f. c.f. **p.** 149	partie immortelle de l'homme, esprit
an, n.m.	unité de temps, 12 mois

âne, n.m.	animal apparenté au cheval avec de longues oreilles et pas mal stupide
an (m.)	année (f.), 12 mois, 365 jours
jour (m.)	journée (f.) cf. p. 117, 24 heures
matin (m.)	matinée (f.) cf. p. 126, les heures avant midi
soir (m.)	soirée (f.), la fin du jour, le commencement de la nuit

N.B. *an, jour, matin, soir* sont employés au masculin pour préciser un moment: ce *matin*, hier *soir*, l'autre *jour*
A leur forme féminine ces mots sont modifiés par un adjectif qui les décrit ou qui les caractérise.

masc. Je me suis levé ce *matin* de bonne heure.
fém. Nous avons passé une *matinée* difficile.
masc. Il viendra dîner ce *soir*.
fém. Nous avons passé une *soirée* intéressante.

Ceci dit, les Français ne distinguent pas toujours entre les deux formes de ces mots, ce qui n'arrange rien pour l'étranger: je suis resté *3 ans*—je suis resté *3 années*; le garçon a 15 *ans*—j'ai passé une quinzaine d'*années* en Europe—cette étoile est a 100 mille *années* lumière de la Terre.

An indique 365 jours, la mesure de l'âge, et, au pluriel, la vieillesse.
Il est employé seulement si précédé ou suivi par un nombre, ou dans certaines locutions telles que l'an dernier, l'an prochain, le Jour de l'An, etc.
Année s'emploie généralement si ce nombre ne s'y trouve pas, mais s'il s'agit d'une étendue on peut utiliser cette forme.
Peut-être que la meilleure indication de la différence entre ces deux formes, c'est que la plus raccourcie veut dire une *unité* de temps et la plus longue une *étendue*.
Jour veut dire une unité de 24 heures, *journée* ce qu'on fait pendant la partie du jour qui n'est ni le soir, ni la nuit.
Il y a sept *jours* dans une semaine.
En été, je passe des *journées* entières sur la plage.
Soir veut dire la partie du jour après le coucher du soleil et avant la nuit, la *soirée* c'est ce qu'on fait pendant ce temps. Le même principe s'applique à *matin* et *matinée*. Mais une *soirée* peut indiquer une réception, et une *matinée* une représentation théâtrale qui a lieu l'après-midi.

votre anniver-saire, n.m.	c'est le jour où vous êtes né Le 15 août est l'*anniversaire* de Napoléon ler.
votre fête, n.f.	c'est le jour du Saint dont vous portez le nom Tous ceux qui s'appellent Jean fêtent le 24 juin, jour de la Saint-Jean.
apercevoir, v.	commencer à voir
percevoir, v.	saisir par les sens, sauf par les yeux
appointements, n.m.pl. cf. p. 24 et p. 111	ce que gagne celui qui travaille dans les affaires pour un autre
honoraires, n.m.pl.	ce que gagnent les médecins, les avocats, etc.
salaire, n.m.	ce que gagne un ouvrier
traitement, n.m. cf. p. 127	ce que gagne un fonctionnaire, facteur, pompier, etc.
approcher, v.	faire venir plus près, venir, arriver J'*approche* une chaise. Le jour de ton départ *approche*.
approcher de, v.	être près d'atteindre J'*approche du* but.
s'approcher de, v.	se faire venir plus près en parlant d'un être animé Je m'*approche de* la fenêtre.
s'asseoir, v. cf. p. 140	action de se mettre dans un fauteuil, sur une chaise, etc. Aussitôt la Marseillaise finie, l'assistance *s'est assise*.
être assis	la condition de se trouver dans un fauteuil, sur une chaise, etc. Quand je suis entré dans la classe tous les élèves *étaient* déjà *assis*.
assiette, n.f.	A table chaque individu a une *assiette* dans laquelle il mange ce qu'on lui sert.
plat, n.m. cf. p. 120	plus grand qu'une assiette On y met ce qu'on va servir à tout le monde.

assis, adj.	s'accorde comme tout adjectif Elle est *assise*.
debout, adv.	invariable comme tout adverbe Elle est *debout*.

assister, v.	aider
assister à, v. **cf.** p. 111	être présent.

attendre, v. cf. p. 60, p. 111 et p. 155	rester quelque part jusqu'à ce que quelqu'un ou quelque chose arrive
s' attendre à, v. **cf.** p. 177	compter sur, prévoir

au moins, adv.	au minimum Il gagne 5000 francs par mois, *au moins*.
du moins, loc. adv.	Par contre S'il ne fait pas très beau aujourd'hui, *du moins* fait-il du soleil. N.B. Ces deux locutions ont généralement le même sens et expriment une idée de restriction.

auprès de, loc. prép.	la proximité, la comparaison, le point de vue L'homme est tout petit *auprès de* Dieu.
près de, loc. prép.	à une petite distance, sur le point de, presque L'école est tout *près de* chez nous.

aussitôt, adv.	immédiatement
aussitôt que, loc. conj. **cf.** p. 156	au moment où, dès que, quand, lorsque

avoir (froid)	J'*ai* froid en hiver.
être (froid)	Les pierres *sont* froides à toucher en hiver.

faire (froid)	Il *fait* froid en hiver. N.B. C'est exactement la même chose avec *chaud*.
baiser, v.	embrasser Il faut le faire suivre d'une chose, *main, joue,* etc. autrement le sens en est vulgaire.
baisser, v.	mettre plus bas
bal, n.m. cf. p. 101	une soirée où l'on danse
danse, n.f. cf. p. 140	l'art de la danse un pas de *danse* la choréographie d'une *danse*
balade, n.f. (fam.)	promenade
ballade, n.f.	poème
balle, n.f. cf. p. 101	projectile pour un revolver ou une carabine, ce qu'on emploie pour le tennis ou le golf
ballon, n.m.	grosse balle employée pour le football ou le basket
boulet, n.m.	projectile pour un canon
battre, v.	frapper, vaincre
se battre, v.	lutter, faire la guerre
bibliothèque, n.f.	où l'on consulte ou emprunte les livres
librairie, n.f. cf. p. 117	où l'on achète les livres
billet, n.m.	de théâtre, de concert, d'avion, de train

ticket, n.m.	de métro, de quai, d'entrée au musée N.B. La différence est fondée sur le prix, le *billet* coûtant plus cher. N.B. le *billet* est en papier le *ticket* est en carton
bout, n.m.	fin, extrémité
but, n.m.	point visé, limite, point gagné, objectif
butte, n.f.	petite colline
ça (sans accent)	pronom démonstratif, contraction de *cela*.
çà (avec accent)	adverbe de lieu (rare) Elle a cherché son livre *çà* et là dans la maison.
cantatrice, n.f.	une grande vedette d'opéra
chanteuse, n.f.	une femme qui chante des chansons, des variétés
cerveau, n.m.	centre des sensations, intelligence, volonté, etc.
cervelle, n.f.	substance du *cerveau*
chacun (e), pron.	Ces mots ont le sens de "sans exception" mais attention à ne pas confondre pronom et adjectif!
chaque, adj. cf. p. 157	*Chacun* a son livre. *Chaque* élève a son livre. N.B. on dis *tous les* ou *toutes les* au pluriel. Donc: *chaque* élève = tous les élèves; *chaque* année = *tous* les ans
chair, n.f.	les muscles de l'homme et des animaux, partie de l'animal qu'on mange
chaire, n.f.	tribune, estrade, *chaire* de philosophie
cher, ère, adj.	qui est aimé, qui coûte beaucoup, qui est estimé

chère, n.f.	qualité de ce qu'on mange aimer la bonne *chère*
changer, v.	rendre autre ou différent Le froid *change* la pluie en neige.
changer de, v.	quitter une chose pour une autre J'ai *changé de* chemise.
chiffre, n.m.	1, 2, 3, 4, 5, 6, 7, 8, 9, 0.
nombre, n.m. cf. p. 126	combinaison de chiffres—12, 13, 14, 123 *43* est un *nombre* composé de deux *chiffres*, *4* et *3*.
choeur, n.m.	groupe qui chante ensemble, les *chorals* de Bach
chorals, n.	pluriel de *choral*, nom, chants religieux
chorale, n.f.	société musicale pour chanter des *chorals*
choraux, adj.	masculin pluriel de *choral*, adjectif (rare) on dirait plutôt chants *chorals*
chose, n.f.	réalité matérielle qui ne vit pas
quelque chose, m.	une chose pas précisée pas identifiée Il y a un petit quelque chose que je ne comprends pas N.B. devant un adjectif il faut mettre un *de:* quelque chose *de* bon, *de* mauvais, *de* difficile, etc.
les ciels, n.m.	quand il s'agit d'un tableau—les *ciels* de Claude Lorrain
les cieux, n.m.	le pluriel normal de *ciel*, sens poétique
classe, n.f.	groupe d'élèves à l'école, salle de classe, catégorie, leçon
cours, n.m. cf. p. 102	une heure de classe Il a un *cours* d'anglais à dix heures.

Confusions 73

Confusions 73

N.B. En anglais aussi on distingue entre *classe* et *cours*, mais en anglais le sens de ces mots est absolument le contraire de leur sens français: donc, une *classe* de français comporte 4 ou 5 *cours* par semaine. Un professeur de français enseigne peut-être 4 *classes* (français I, français II, etc.) mais il enseigne peut-etre 20 *cours* (20 heures) par semaine.

cloison, n.f. — mur léger qui sépare les chambres à l'intérieur d'une maison

mur, n.m. cf. p. 104 — partition plus solide, à l'intérieur ou à l'extérieur d'un bâtiment

muraille, n.f. — mur épais et relativement haut qui enferme un jardin par exemple

collègue, n.m. ouf. — celui qui exerce la même fonction que soi dans le même establissement

confrère, n.m. — membre d'une même profession libérale, tel un médecin, avocat, journaliste
Ce médecin est respecté de ses *confrères.*

colorer, v. — rendre plus vif
Il *colore* toujours les anecdotes.

colorier, v. — ajouter des couleurs
L'enfant *colorie* ses livres.

compote, n.f. — fruits cuits avec du sucre pour être mangés comme dessert

confiture, n.f. — fruits cuits longuement avec du sucre pour mettre sur le pain ou le toast
N.B. On mange le pain avec beurre et *confiture* au petit déjeuner. On mange les figues et les poires en *compote.*

purée, n.f. — légume cuit à l'eau et écrasé
Les bébés mangent des *purées* de carottes, etc.

concours, n.m. — le nombre des réussites est déterminé à l'avance, les 5 premiers ou les 10 premiers, etc.

examen, n.m.   pour réussir il faut recevoir en France un minimum de
50% (60% aux U.S.A.)

Le *bac*, le *brevet*, la *licence* sont des *examens*.
Pour entrer aux "Grandes Ecoles" (Ecole Polytechnique, Ecole Normale
Supérieure, etc.) ou pour être professeur agrégé il faut réussir à des
concours.

les examens   1. Un *examen* est organisé dans tout le pays (College
Boards et Advanced Placement) cf. p. 141
2. Une *composition* est donnée à l'école par départe-
ment, à la fin de chaque trimestre. cf. p. 113
3. Une *dissertation* est un exercice généralement écrit
mais peut-être oral.
4. Une *rédaction* est un essai tout court.
5. Une *interrogation* (écrite ou orale) est une petite
épreuve; on pourrait en avoir plusieurs par semaine.
6. Une *soutenance* est la défense d'une thèse.

confiance, n.f.   assurance de sécurité, d'avoir raison, etc.

confidence, n.f.   secret

connaître, v.   avoir une idée, une conception d'une personne ou
d'une chose
Les touristes *connaissent* mal le pays qu'ils visitent.

se connaître,   être expert, connaisseur, connaître très bien
v. cf. p. 62   Il *se connaît en* art.
N.B. Se connaître *à* ou *en* au sens de "savoir bien juger
de quelque chose."
Il se connaît *en* musique (ou *à* la musique).

connaître, v.   être en relation avec, être familier avec, avoir une
cf. p. 46   grande pratique de
Je *connais* Jean, je *connais* Paris, je *connais* la vie.

savoir, v.   être instruit, posséder un art, avoir dans la mémoire
cf. p. 45   Je *sais* qu'il est malade, je *sais* nager, je *sais* son nom.

coquille, n.f. cf. p. 159	enveloppe dure d'un mollusque
écaille, n.f.	ce qui couvre certains animaux comme les tortues et les serpents, ce dont la peau du poisson est couverte

cote, n.f.	chiffre
côte, n.f.	1. la terre où elle rencontre la mer 2. os du thorax 3. le flanc d'une colline 4. ce même flanc planté de vignes 5. route qui monte ou qui descend
côté, n.m.	partie droite ou gauche de tout le corps, partie latérale des choses Son bureau n'est pas au milieu de la classe mais sur le *côté*.

couper, v.	on *coupe* avec un couteau
coûter, v.	indique le prix Une Peugeot *coûte* moins qu'une Cadillac.

couple, n.m.	deux personnes, ou deux animaux (souvent le mâle et la femelle) Ces fiancés font un beau *couple*.
paire, n.f. cf. p. 105	deux choses ou deux personnes qui vont ensemble une *paire* de gants, une *paire* d'amis

cour, n.f.	espace entouré de murs, cour de justice, cour de roi
cours, n.m.	enseignement (*cours* de français) *cours* d'eau (petite rivière)
cours, v.	forme du verbe *courir*
course, n.f. cf. p. 114	marche très rapide, commission *course* de chevaux faire une *course* pour sa mère

croire, v. cf. p. 60	tenir pour vrai ou pour sincère Je *crois* votre histoire. Je vous *crois*.
croire à, v.	attacher de l'importance à une valeur (pas à une personne) Je *crois à* l'honneur.
croire en, v.	avoir confiance Je *crois en* mes amis. Je *crois en* Dieu.
penser, v. cf. p. 105	indique une supposition, (presque synonyme de *croire*) Je *pense* qu'il comprend.
trouver, v. cf. p. 98	indique une opinion Je *trouve* ce qu'il dit idiot. Je le *trouve* gentil.
cultural, adj.	relatif à la culture de la terre
culturel, adj.	relatif à la culture intellectuelle
dame, n.f.	femme de haute, de bonne naissance
madame	terme d'adresse (bonjour, *madame*), titre
femme, n.f.	Une épouse Comment va Madame Dupont, votre *femme*? commencer à dormir
demain, adv.	le jour qui suit immédiatement le jour où l'on est Si c'est mardi, ce sera *demain* mercredi.
lendemain, **n.m.**	le jour qui suit un autre, en partant d'un jour au passé ou à l'avenir Nous sommes partis le 4; le *lendemain*—c'est-à-dire le 5—mon père est tombé malade.
dénouement, **n.m.**	solution, résolution d'une intrigue dramatique

dénuement, n.m.	manque total
détoner, v.	faire explosion
détonner, v.	chanter faux
deuxième, adj.	quand il y a plus de deux
second, adj. cf. p. 142 cf. p. 147	quand il n'y a que deux
dévotion, n.f.	piété
dévouement, n.m. cf. p. 160	disposition à servir, affection cf. p. 43
dormir, v. cf. p. 43	ce qu'on fait quand on n'est pas éveillé
s'endormir, v.	commencer à dormir
droguerie, n.f.	où l'on achète une variété de produits pour faire le ménage, faire la lessive, ou peindre la maison
pharmacie, n.f.	où l'on achète les médicaments
douter, v.	ne pas croire
se douter de, v.	soupçonner
écouter, v.	prêter l'oreille, faire un effort pour entendrè
entendre, v.	percevoir par l'oreille
emballer, v.	mettre en balle ou en caisse, faire un colis
s'emballer, v.	se fâcher, s'enthousiasmer, se tourmenter se dit aussi d'un cheval qu'on ne peut pas contrôler

entendre, v.	percevoir par l'oreille
s'entendre, v.	être d'accord

entendre dire que	J'ai *entendu dire que* cet homme est très malade.
entendre parler de	Je ne le connais pas mais j'ai *entendu parler de* lui.

entendre, v.	percevoir par les oreilles
éteindre, v.	contraire d'*allumer*
étendre, v.	allonger

épargner, v. cf. p. 162	ne pas trop dépenser, traiter avec ménagement, ne pas endommager Le bombardement a *épargné* l'église.
éviter, v.	échapper à, s'abstenir de Il *évite* les accidents quand il conduit.

étrange, adj.	bizarre
étranger, adj.	d'un autre pays

être nécessaire et falloir au négatif

il n'est pas nécessaire	on n'est pas obligé de faire quelque chose
il ne faut pas	on n'a pas le droit de faire quelque chose N.B. *Il est nécessaire* est moins employé que l'expression *il faut*. Celui-ci est pourtant plus péremptoire. Il souligne l'obligation.

faillir, v.	manquer, être sur le point de faire quelque chose (quand il est suivi d'un infinitif)

falloir, v. imp.	il *faut*, il est obligatoire
faire, v. cf. p. 60 et p. 149	causer, créer, former
se faire à, v.	s'habituer à
ne faire que	le sens de *sans cesse* Il *ne fait que* pleurer: il pleure continuellement.
ne faire que de cf. p. 60 et p. 150	le sens du passé immédiat Il *ne fait que de* sortir: Il vient de sortir.
fille, n.f.	équivalent féminin de *fils* Mon père a trois fils et deux *filles*. totalité opposée aux garçons C'est une école pour garçons et *filles*. une collectivité Il y a des *filles* qui n'aiment pas danser.
jeune fille, n.f.	désigne une fille de 12-20 ans, ou une femme de 20-30 ans non mariée
fil, n.m.	petite corde (prononcé "file") au singulier comme au pluriel, des *fils*
fils, n.m.	enfant mâle (prononcé "fisse")
fis, v. cf. p. 10 et p. 47	passé simple du verbe *faire*
fus, v. cf. p. 10 et 47	passé simple du verbe *être*
fois, n.f. cf. p. 103 et p. 164	la répétition Il a fait ça trois *fois*. a un certain moment Il était une *fois*... (contes de fées)

temps, n.m. cf.   durée
p. 97, p. 107   Il a été malade peu de *temps*.
et p. 142   phénomènes atmosphériques
(toujours après "il fait")
Il fait rarement beau *temps* dans ce pays.

à fond, adv.   complètement
Elle a fait son ménage *à fond*.

au fond, adv.   en réalité, après réflexion
Au fond ce vin n'est pas mauvais.

fonder, v.   établir

fondre, v.   devenir ou rendre liquide
Le soleil fait *fondre* la neige.

gâcher, v.   ruiner faute d'attention

gâter, v.   pourrir, traiter avec trop d'indulgence, enfant *gâté*

garder, v.   protéger

se garder de, v.   éviter, se préserver de, ne pas faire
Elle *se garde de* faire des fautes d'anglais.

gens, n.pl.   les personnes en général
cf. p. 26   beaucoup de *gens*
la plupart des *gens*   } accord du verbe au **pluriel**
peu de *gens*

personnes,   plusieures *personnes*
n.f.pl.   quelques *personnes*
six, dix *personnes*

peuple, n.m.   les gens qui forment une nation—
cf. p. 119   le *peuple* français.
Aussi, les classes pauvres—   } accord du verbe
le *peuple* demande à manger.   au **singulier**

glace, n.f.	miroir, l'eau gelée, dessert
vitre, n.f.	partie d'une fenêtre
gourmand, adj. et n.	celui qui mange beaucoup
gourmet, n.m.	celui qui apprécie la bonne nourriture
grain, n.m.	petit corps sphérique, petite parcelle, fruit ou semence Une plage se compose de milliers de *grains* de sable.
graine, n.f.	organe de plante qui donne une nouvelle plante On sème les *graines* au printemps.
gril, n.m.	ustensile de cuisine qui sert à griller
grille, n.f.	partie du fourneau qui reçoit le charbon, porte faite de barreaux
guère, adv.	pas beaucoup, très peu—je n'ai *guère* mangé.
guerre, n.f.	grande lutte, suite de campagnes militaires
haler, v.	tirer à l'aide d'une corde, etc.
hâler, v.	brunir Elle est *hâlée* par le soleil.
à la bonne heure	voilà qui est bien, bravo!
à l'heure	ni en avance ni en retard
de bonne heure	tôt
tout à l'heure	un passé immédiat ou un futur prochain
hier, adv.	le jour qui vient de se terminer en partant d'aujourd'hui Si c'est lundi, c'était *hier* dimanche.

veille, n.f.   le jour qui en précède un autre partant d'un jour au passé ou à l'avenir (le *la* est obligatoire)
Nous sommes partis le 4, la *veille*—c'est-à-dire le 3—mon père est tombé malade.

humeur, n.f.   disposition bonne ou mauvaise
cf. p. 125

humour, n.m.   drôlerie, le sens de l'*humour*

impoli, adj.   sans politesse (se dit des personnes)

mal poli, adj.   mal ciré (se dit des choses)

inclinaison, n.f.   état de ce qui est incliné

inclination, n.f.   penchant, tendance

infâme, adj.   répugnant, odieux

infamie, n.f.   action vile, odieuse

infime, adj.   très petit

infirme, adj.   qui a une infirmité, handicapé

ingénuité, n.f.   naïveté

ingénuosité, n.f.   qualité de celui qui est très habile, ingénieux, adroit

jeu, n.m.   nom du verbe *jouer, jeu* de cartes, *jeux* Olympiques, etc.

match, n.m.   épreuve sportive, *match* de football

partie, n.f. cf.   divertissement, une surprise partie (ou party),
p. 87 et p.105   aussi *partie* de golf

jouer, v.   se divertir aux sports, aux instruments de musique (du
cf. p. 63   nom *jeu*)
jouer au basket, *jouer du* violon

jouir, v.	prendre plaisir (du nom *joie*), ou bénéficier de
jupe, n.f.	vêtement féminin qui couvre le bas du corps
jupon, n.m.	vêtement féminin porté sous la jupe courir le *jupon* = s'intéresser trop aux femmes
lis ou lys, n.m.	le *s* se prononce fleur symbole de la pureté
fleur de lys, n.f.	le *s* se prononce ou ne se prononce pas pièce héraldique, emblème des rois de France
luxuriant, adj.	qui pousse avec vigueur et en abondance
luxurieux, adj.	qui se donne sans restriction aux plaisirs charnels, à la luxure
machiniste, n.m.	celui qui conduit une machine quelconque, tramway, autobus, etc., aussi celui qui monte et démonte les décors au théâtre
mécanicien, n.m.	conducteur de locomotive, ouvrier qui répare les machines.
mal parler de	dire du mal de quelqu'un ou de quelque chose
parler mal	parler incorrectement
malade, n.m. ou f., adj.	une personne dont la santé est mauvaise, de mauvaise santé
maladie, n.f.	ce qu'on a quand sa santé n'est pas bonne
manteau, n.m.	vêtement ample de dessus pour homme ou femme
pardessus, n.m.	manteau pour homme

mari, n.m.	époux
marié(e), adj.	uni en mariage
marier, v. cf. p. 118 et p. 141	donner en mariage, unir en mariage
se marier (avec), v.	épouser, prendre pour femme, pour mari

marée, n.f.	les eaux qui montent et qui baissent sous l'influence de la lune et du soleil
marin, adj.	qui appartient à la mer ou qui est formé par la mer une plante *marine*, une carte *marine*
maritime, adj.	qui est moins étroitement lié à la mer Un arbre *maritime* pousse près de la mer et non pas dans la mer. une ville *maritime*, un code *maritime*
la Marine nationale, n.f.	force navale de la France

marocain, n. et. adj.	du Maroc
maroquin, n.m.	cuir tanné spécialement, un portefeuille de *maroquin* (même origine)

martyr, n.m.	victime du martyre personne qui a souffert pour un idéal
martyre, n.m.	supplice, torture

matérial, n.m.	mot proposé pour remplacer *matériau*
matériau, n.m.	matière employée dans la construction d'un bâtiment, d'un pont, d'une route, etc.
matériel, n.m.	tous les objets nécessaires au fonctionnement d'une entreprise, le *matériel* d'une ferme, d'une usine, d'un bureau

médecin, n.m.	docteur
médecine, n.f.	science de la santé
médicament, n.m.	ce qu'on prend pour guérir une maladie
se mêler à, v.	se joindre Je *me mêle à* la foule.
se mêler de, v.	intervenir *Mêlez-vous de* ce qui vous regarde.
menu, n.m.	carte dans un restaurant
menu, adj.	petit, frêle
mettre, v. cf. p. 47	placer
se mettre à, v.	commencer Je vais *me mettre* à étudier.
militaire, n.m. et adj.	un soldat ce qui concerne les forces armées
militariste, n.m. adj.	partisan du militarisme ce qui a à faire avec le militarisme
monter, v.	contraire de *descendre*
montrer, v.	révéler
mousseux, adj. cf. p. 169	qui produit de la mousse (écume), comme le champagne, le savon, etc.
moussu, adj.	qui est couvert de mousse (plante verte)
neuf, neuve, adj.	qui vient d'être fabriqué, aucunement usé
nouveau, nouvelle, adj.	différent, qui vient d'être inventé

N.B. une voiture *neuve* = dont on est le premier propriétaire
une *nouvelle* voiture = une voiture d'occasion (usée) qui remplace votre vieux tacot (auto qui ne marche plus)
une voiture *nouvelle* = du dernier modéle, d'un type *nouveau*

Mon père vient d'acheter une *nouvelle* voiture.— *Neuve?*—Non, d'occasion, mais comme *neuve*.

Une maison *neuve* = dont on est le premier propriétaire
Une *nouvelle* maison = on a vendu sa vieille maison pour en acheter une autre

Une maison *nouvelle* = qui ne ressemble pas à la maison traditionnelle.
Donc: la place de *nouveau* devant ou derrière le mot qu'il modifie en change nettement le sens de celui-ci

nuit, n.f.	≠ jour Il fait *nuit* (on voit les étoiles).
soir, n.m.	début de la nuit jusqu'à minuit Le *soir* après le dîner je prépare mes leçons.
à l'ombre	contraire de *au soleil*
dans l'ombre	contraire de *dans la lumière*
original, n.m.	une personne bizarre, unique (péjoratif), ≠ une copie
original, adj.	comme en anglais une idée *originale*
originel, adj.	ce qui remonte à l'origine le péché *originel* (emploi unique)

ouvreuse, n.f.	femme qui indique vos places au théâtre ou au cinéma
ouvrier, n.m.	celui qui travaille avec les mains
ouvrir, v.	contraire de *fermer*
part, n.f. p. 151	On divise un tout pour donner à chacun sa *part*, sa portion
parti, n.m. p. 105 et p. 119	groupe politique
partie, n.f. p. 82 et p. 105	fragment, branche, élément Le vase se brise en *parties*. La main et les doigts font *partie* du bras. divertissement ou sport une *partie* de cartes, d'échecs, de tennis
partager avec	suggère qu'on conserve pour soi une partie
partager en	c'est diviser en portions ou parties
partager entre	exprime l'idée qu'on ne retient rien pour soi
partir, v. cf. p. 43	contraire d'*arriver*, (intransitif—Il *est parti* de la maison)
quitter, v.	synonyme de *partir*, mais exige un objet direct: *quitter* la maison, (transitif)
sortir, v. cf. p. 43	contraire d'*entrer*
passager, ère, n.m. ou f.	une personne qui voyage soit en avion soit par bateau
voyageur, se, n.m. ou f.	celui qui prend le train Il ne faut pas oublier qu'en Europe il y a toujours beaucoup de trains, confortables, rapides, presque toujours à l'heure, généralement bondés.
passer, v.	Le temps *passe*. Une auto *passe* dans la rue.
se passer, v.	avoir lieu, arriver Qu'est-ce qui *se passe?*

se passer de   s'abstenir
  cf. p. 179   Lorsqu'on en a l'habitude il est difficile de *se passer de* fumer.

pêche à cf. p. 105   indique l'engin ou l'appât
              pêche à la ligne, *pêche à* la mouche
  pêche de   indique la sorte de poisson
              pêche du hareng, *pêche du* crabe

peigne, n.m.   instrument servant à ranger les cheveux
peine, n.f.   difficulté, tristesse, douleur
  cf. p. 119
  et. p. 152
à peine, adv.   presque pas, ne...guère

pendant, prép.   durant, indique une durée au passé (jamais au futur)
              Il a dormi *pendant* toute la classe.

pour, prép.   répond à la question "pourquoi" sous-entendue, et aussi
  cf. p. 31   indique une durée au futur, (jamais au passé)
  et p. 188   Je vais à Paris *pour* apprendre le français. J'y pars
              pour six mois. Mais: J'y passerai 6 mois; J'y serai
              6 mois; J'y resterai 6 mois.

pendant que,   dans le temps que
  conj.   *Pendant que* je travaille mon frère écoute la radio.

tandis que,   synonyme pour *pendant que* mais en plus marque
  conj.   une opposition (mais)
              Je travaille beaucoup *tandis que* mon frère est plutôt
              paresseux.

personne, n.f.   Il y a une *personne* absente. Elle est absente depuis
              quelques jours.

personne,   (C'est le négatif et il est masculin!)
  pron. m.   *Personne n'est* absent.

peu, adv.	contraire de *beaucoup*
un peu, adv.	une petite quantité Il mange *peu* mais il a pris *un peu* de riz.
pire, adj.	comparatif de *mauvais,* donc—plus mauvais. Plus *mauvais,* est beaucoup plus employé que *pire* Ce resultat est plus mauvais (ou meilleur) que le dernier. *pire* est employé au sens moral. On dirait: Le meurtre est *pire* que le vol. (C'est à dire que le meurtre *et* le vol sont tous les deux mauvais bien que le meurtre soit *pire!*)
pire, n.m.	la chose la plus mauvaise Dites-moi le *pire* sans attendre.
pis, adv.	comparatif de *mal* et contraire de *mieux* *tant pis* ≠ *tant mieux* Les choses vont de mal en *pis*.
plaindre, v. **se plaindre de** cf. p. 179	avoir de la pitié se lamenter, avoir un grief contre quelqu'un ou quelque chose
pleurer, v.	contraire de *rire*
pleuvoir, v. impersonnel cf. p. 106 et. p. 47	Il *pleure* dans mon coeur comme *il pleut* sur la ville. Il *pleure* (l'eau tombe de ses yeux) Il *pleut* (l'eau tombe du ciel)
poêle, n.m.	appareil qui sert à chauffer une pièce
poêle, n.f.	ustensile qui sert à frire, à faire les omelettes, etc.
poil, n.m.	On a des *cheveux* sur la tête, des *poils* sur le corps. Ce gorille a plus de *poils* que mon frère. Une bête à **poil** N.B. être à *poil* = être nu (sans vêtements)

point, n.m.	marque de ponctuation
pointe, n.f.	terme géographique, extrémité aiguë La *Pointe* du Raz est la partie de la France la plus proche de l'Amérique. Avec la *pointe* du crayon on fait un *point*.
poison, n.m.	venin La strychnine est un *poison* mortel.
poisson, n.m.	vertébré qui vit dans l'eau un maquereau, un saumon, une truite, etc.
portail, n.m.	entrée principale d'un édifice
porte, n.f.	ouverture pour entrer et sortir
portière, n.f.	porte d'une auto ou d'un wagon, rideau qui couvre une porte, une concierge
porter, v.	être vêtu de Je *porte* un pantalon.
se porter, v.	s'applique à la santé Je *me porte* bien cet hiver.
poule, n.f.	oiseau bonne à manger, féminin de *coq*, femme de mauvaise vie
poulet, n.m.	le petit d'une poule, un policier
poussin, n.m.	Un poulet qui vient de sortir de l'oeuf.
prendre la peine (de)	faire l'effort nécessaire, s'efforcer à Il *prend la peine* d'écrire lisiblement.
valoir la peine (de)	être assez important, mériter Il *vaut la peine* de voir ce film.

se prendre à quelqu'un cf. p. 179	provoquer, attaquer quelqu'un Il ne faut pas *se prendre à* plus fort que soi.
s'en prendre à quelqu'un	mettre quelqu'un dans son tort Tout le monde *s'en prend à* Pierre, mais il n'y est pour rien, le pauvre.
près, adv.	contraire de *loin* Il y a un café tout *près*.
près de, loc. prép.	contraire de *loin de*
proche, adj. et adv.	indique la proximité Leurs maisons sont toute *proche* (ou toutes *proches*). Les étoiles semblent *proches* les unes des autres. Ils aiment bien leurs plus *proches* voisins. Elle meurt. La mort est *proche*. (Elle est près de mourir.) C'est jeudi. Le weekend est tout *proche*. N.B. (a) *les proches*, n.m. pl. = les parents, la famille Ils ont invités leur *proches* au mariage du fils. N.B. (b) Il est difficile de distinguer nettement entre *près* et *proche*. *Près* n'est jamais adjectif, mais comme adverbe les deux mots sont synonymes. Elle habite tout près = elle habite ici *proche*.
prochain, adj.	immédiat, ce qui vient tout de suite après Nous partirons vendredi *prochain*.
suivant, adj.	ce qui vient après un événement dans le passé ou au futur Le vendredi *suivant* nous serons installés là-bas.
quand, conj.	synonyme de *lorsque, au moment où*
quant à, loc. prép. cf. p. 173	à l'égard de, pour ce qui est de Vous pourrez faire le travail *quand* vous voudrez; *quant à* moi je le fais tout de suite.

quelque, adv.
indéfini — plusieurs, un nombre indéfini
J'ai vu *quelques* amis au café.

quel ... que, loc. relat., suivi du subjonctif — donne l'idée d'opposition
Quelles que soient vos raisons, personne ne vous approuve.

quelque... que, adv. suivi du subjonctif cf. p. 173 — signifie *si* (très littéraire, très rare)
Quelque riche *qu'*il soit il s'habille mal.
Bien qu'il soit riche, il s'habille mal.

quelque, adv. — signifie *environ*
Il y a *quelque* cinquante ans de cela.

quoi que, pron. rel. suivi du subjonctif — quelle que soit la chose
Quoi que vous disiez vous ne convainquerez personne.

quoique, conj., suivi du subjonctif cf. p. 173 — marque l'opposition, synonyme de *bien que*
Je ne l'admire pas *quoiqu'*il jouisse d'une bonne renommée.

raconter, v. — dire, relater

rencontrer, v. — trouver par hasard

à raison de, prép. — appartient au langage des affaires et a le sens de en proportion de, au prix de, selon, en fonction de
Je vous paierai *à raison* des heures travaillées.

en raison de, prép. — en considération de, à cause de, vu
Vous ne serez pas puni *en raison de* votre âge.

se rappeler, v.	contraire d'*oublier* suivi d'un objet direct Le *se* est indirect. Elle ne *s'est* pas *rappelé* mon adresse.
se souvenir de, v.	contraire d'*oublier.* Le *se* est direct. Elle ne s'*est* pas souvenue de mon adresse. N.B. Ce sont des synonymes, mais *se rappeler* n'a pas de *de*, *se souvenir* a un *de*; donc, l'un est verbe transitif direct, l'autre transitif indirect.
rapprocher, v.	faire venir plus près J'*ai rapproché* ma chaise.
reprocher, v.	blâmer quelqu'un ou quelque chose
recouvrer, v.	retrouver, obtenir de nouveau Le prisonnier *a recouvert* sa liberté.
recouvrir, v.	couvrir complètement La neige *recouvre* tout.
regarder, v.	fixer les yeux sur
voir, v.	percevoir par les yeux
rendre, v.	restituer une chose, faire devenir J'*ai rendu* les clefs de l'auto à mon père. Ses succès le *rendent* vaniteux.
se rendre, v.	céder
se rendre à, v.	aller
répandre, v.	distribuer, faire connaître, verser Les journaux *répandent* les nouvelles.
répondre, v.	On *répond* à une question, et à quelqu'un. *Répondez*-moi.
retourner, v.	tourner dans un autre sens, renvoyer Ma mère *retourne* le matelas une fois par mois. Ce poste de radio marche mal. Je dois le *retourner* au réparateur.
se retourner, v.	regarder derrière soi en tournant la tête en arrière, faire demi-tour

rentrer, v.	aller ou revenir à la maison Mon père *rentre* à midi.
retourner, v.	(en, à, dans, chez) *Retourner* en France *Retourner* à Paris *Retourner* dans son petit pays *Retourner* chez soi
retourner, v. cf. p. 121	*aller* de nouveau, tourner de nouveau, renvoyer Je vais *retourner* à mon point de départ.
revenir, v.	*venir* de nouveau, se rendre là d'où l'on est parti Je dois partir mais je *reviendrai*.
romain, adj.	adj. qui correspond à *Rome*
roman, n.m. cf. p. 121	oeuvre d'imagination en prose, style d'art du Moyen-Age, langue dérivée du latin
roue, n.f.	nom qui correspond au verbe *rouler,* partie d'une voiture qui roule sur la route Une auto a quatre *roues.*
route, n.f.	voie pour les véhicules à la campagne
rue, n.f.	voie pour les véhicules en ville
sauver, v.	tirer d'un danger
se sauver, v.	fuir
savoir, v.	suggère une idée de connaissance Je *sais* conduire une auto.
pouvoir, v.	suggère une idée de possibilité Je *sais* conduire mais je ne *peux* pas à cause de ma jambe cassée.
sensible, adj.	important, perceptible par les sens, qui fait mal Le dollar a fait une baisse *sensible* contre le yen japonais. Je suis *sensible* au froid. J'ai une dent *sensible.*

sensitif, adj.	ressemble au mot anglais mais c'est un faux ami, mot technique à éviter sauf pour les neurologue⌐
sensible, adj.	qui peut être perçu par les sens Je suis *sensible* à la beauté
sensitif, adj.	qui se rapporte à la sensation. J'ai une dent très *sensitive*.
serai, v.	futur du verbe *être*
serrai, v.	passé simple du verbe *serrer*
serment, n.m.	affirmation solennelle
sermon, n.m.	discours religieux
servir, v. cf. p. 64	se rapporte au service Je *sers* le dîner.
servir à, v.	être bon à Le travail *sert à* passer le temps.
servir de, v.	tenir lieu Cette pièce *sert de* bureau.
se servir de, v.	faire usage Je *me sers de* mon couteau pour manger.

si, adv.	a. (devant un adj. ou adv.)
	  à ce point, à un tel degré
	  Je n'ai jamais été *si* malade.

	b. remplace *oui* après une question posée au négatif Vous ne venez pas?—*Si.*

si, conj.
  cf. p. 51
	a. pose une question indirecte
	  Je me demande *si* nos amis viendront?

	b. exprime avec le verbe à l'imparfait une proposition
	  Si nous partions?
	  J'a froid. Si nous fermions cette fenêtre?

	c. exprime avec le présent un fait possible maintenant ou prochainement

d. exprime avec l'imparfait un fait contraire à la réalité présente
S'il n'était pas invisible nous le verrions.

e. exprime avec le plus-que-parfait un fait contraire à une réalité passée
S'il avait été malade hier nous n'aurions pas pu jouer avec lui.

A NOTER: Un présent après *si* exige ou un autre présent ou un futur dans la proposition principale. Un imparfait sera suivi d'un conditionnel, un plus-que-parfait d'un conditionnel passé. Il faut bien se souvenir de ces quatre combinaisons. Présent—présent indique une habitude et non pas un cas particulier.

sitôt, adv.
cf. p. 107

aussi vite
Sitôt dit, *sitôt* fait.
Je ne reviendrai pas de sitôt.

si tôt, adv.
cf. p. 107

de si bonne heure, contraire de *si tard*

Si tôt que,
conj.

dès que

sort, n.m.
cf. p. 122

destin

sorte, n.f.

genre, espèce

souffrir, v.t.
cf. p. 43
souffrir de +
infinitif
souffrir de +
nom

tolérer
Il ne peut pas me *souffrir.*
il est question de douleur morale
Je *souffre de* voir mon fils malheureux.
avoir mal
Je *souffre des* dents, *du* froid.

stupéfait, adj.	Nous sommes *stupéfaits* de son mariage.
stupéfié, participe passé	Les événements nous ont *stupéfiés*. (rare)

tarder à, v.	prendre longtemps
cf. p. 122	Dans ce pays le printemps *tarde à* arriver.
tarder de, v.	désirer fort
imp.	Il leur *tarde de* voir leurs enfants.

teint, n.m.	coloris du visage
teint, adj.	participe passé du verbe *teindre*, donner une couleur
cf. p. 46	à quelque chose
teinte, n.f.	nuance d'une couleur
tint	passé simple de *tenir*

témoigner quelque chose	montrer, exprimer quelque chose
	Il m'*a témoigné* une grande sympathie.
témoigner de quelque chose	affirmer, garantir.
	Je *témoigne de* sa sincérité.

temps, n.m.	état de l'atmosphère, mesure de durée
cf. p. 80, p.107 et p.142	
ton, n.m.	inflexion de la voix, d'un instrument de musique
ton, adj.	adjectif possessif
tant, adv.	tellement

tombe, n.f.	lieu de la sépulture
tombeau, n.m.	monument élevé sur une *tombe*

tout à coup, loc. adv	soudainement

tout à fait loc. adv.	complètement
tout à l'heure, loc. adv.	dans un peu de temps, il y a peu de temps
tout de même loc. adv.	malgré tout, néanmoins, pourtant
tout de suite, loc. adv.	immédiatement
tout d'un coup, loc. adv.	en une seule fois

tremper, v.	mettre dans un liquide, mouiller *tremper* son pain dans le vin Ne reste pas sous la pluie car tu vas te *tremper.*
tromper, v.	décevoir

trouver, v. cf. p. 76	découvrir
se trouver, v.	être Je me trouve fatigué.

usagé, adj.	qui a été employé mais qui peut encore servir Une chemise *usagée* sera lavée. L'armée de Salut recherche pour les pauvres des vêtements *usagés.*
usé, adj.	qui est hors d'usage ou presque Mes souliers sont *usés*; j'achète une paire neuve.

valable, adj.	acceptable, admissible, ce qui a de la valeur Ce billet est encore *valable.*
valide, adj.	vigoureux, en bonne santé Cet homme est vieux mais valide.

veille, n.f.	contraire de *lendemain,* jour qui précède, partie de la nuit quand on n'est pas couché
vieille, adj.	féminin de *vieux*

veste, n.f. ⎫ une *veste* de pyjama
cf. p. 123 ⎬ Si je porte un complet (tailleur pour une femme),
veston, n.m. ⎭ mon *veston* et mon pantalon sont assortis.

viser, v.i. diriger ses efforts vers, (ambitionner)
Je *vise* à l'effet.
Il *vise* aux plus hautes fonctions.

viser, v.t. fixer l'oeil sur un objectif, pointer une arme
Je *vise* mon revolver.
Je *vise* la cible.

visite (faire une) aller voir quelqu'un

visiter, v.
cf. p. 123 les endroits, les monuments dans lesquels on peut entrer
visiter Paris, le Louvre

vitrail, n.m. partie d'une fenêtre colorée qu'on voit dans les églises
vitre, n.f. panneau de verre
vitrine, n.f. devanture d'un magasin, table en verre qui permet la vue des objets.

■ *In Extremis*

Encore un exemple, petit peut-être, mais qui a quand même son importance, de la manière dont l'usage dans les deux langues peut être différent. Les meubles français se tiennent sur leurs *pieds*; ils n'ont pas de *jambes* comme les nôtres!

■ *La Matinée*

On peut se demander pourquoi une matinée a lieu l'après-midi! La raison en est très simple. Autrefois, les représentations théâtrales avaient lieu l'après-midi. Par conséquent, s'il y avait une deuxième séance, elle prenait place avant midi, pendant la matinée. Quand on a changé l'heure de la séance principale, une deuxième pouvait se donner l'après-midi. Mais on a négligé d'en changer le nom.

■ *Des Mots Utiles*

Il y a deux mots qui rendent des services énormes, *truc* et *machin*. Quand on ne peut trouver le nom d'une chose, ces deux noms-là peuvent toujours servir. "Quel est ce *truc* que vous employez pour ouvrir une bouteille?" De nos jours on dit aussi *un bidule* (petit truc).

■ *Chut !*

Encore un exemple des petites différences entre l'anglais et le français: tandis que chez nous nous prenons soin de ne pas déranger un *chien* qui dort, le Français nous conseille de ne pas réveiller le *chat* qui dort.

11 ■ Homonyms

Homonyms are words which, although pronounced alike, are quite different in meaning, such as in English a *pane* of glass and a *pain* in the head. We have also included examples of words which may have two distinct meanings, such as the English *late,* which may signify *tardy* or *recently deceased.* French has many instances of both. An awareness of the words that follow could help the learner develop what might be called "informal fluency", the ability to chitchat about inconsequential matters and to handle puns. There is the classic example of Monsieur Perrichon writing "La Mère de glace" in the register of a Chamonix hotel. Bi-lingual lovers of puns refer to it as "The Mother of Ice".

à	préposition
a ⎫ as ⎭	formes du présent de l'indicatif du verbe *avoir*
aile, n.f.	partie d'un oiseau, d'un avion ou d'un bâtiment
elle	pronom personnel
bal, n.m. cf. p. 70	assemblée où l'on danse
balle, n.f. cf. p. 70	jouet, projectile de revolver, etc.
cahot, n.m.	secousse, saut que fait une voiture sur une mauvaise route
chaos, n.m.	grande confusion
censé, adj.	supposé
sensé, adj.	intelligent

101

ces	pluriel de l'adjectif démonstratif *ce, cet, cette*
c'est	forme impersonnelle du verbe *être*
sais **sait** }	présent de l'indicatif du verbe *savoir*
ses	pluriel de l'adjectif possessif *son, sa*

cour, n.f.	espace enfermé de murs, résidence d'un roi, tribunal
cours, n.m. cf. p. 72	mouvement de l'eau, promenade, *cours* d'histoire
cours **court** }	formes du verbe *courir*
court, adj.	contraire de *long*
court, n.m.	terrain de tennis

cru, n.m.	vin produit par un seul vignoble
cru, adj.	ce qui n'est pas cuit
cru, v.	participe passé du verbe *croire*
crû, v. cf. p. 45	participe passé du verbe *croître*

dans, prép.	à l'intérieur de
dent, n.f.	ce avec quoi on mord
d'en	préposition *de* plus pronom *en*

épais, adj.	contraire de *mince*
épée, n.f.	arme en acier

es **est** }	formes du présent de l'indicatif du verbe *être*
et, conj.	conjonction d'addition

feu, n.m.	incendie, ce qui brûle
feu, adj.	récemment mort
	N.B. Cet adjectif est invariable quand il précède l'article ou l'adjectif: *feu* ma tante, ma *feue* tante. Cet usage se fait rare sauf dans le langage écrit. On dirait, "ma *défunte* tante."
faim, n.f.	besoin de manger
fin, n.f.	nom du verbe *finir*
foi, n.f.	confiance
foie, n.m. cf. p. 164	organe qui sécrète la bile
fois, n.f. cf. p. 79 et p. 164	quantité, répétition: une *fois*, deux *fois*...
fond, n.m.	endroit le plus bas d'une chose creuse, partie la plus lointaine d'un espace, terre solide sous un océan ou une rivière
font ,v.	troisième personne du pluriel du présent de l'indicatif du verbe *faire*
jeune, adj.	contraire de *vieux*
jeûne, n.m.	abstinence de manger (d'où: *déjeuner*, sans accent)
la	féminin de l'article défini, féminin de l'objet direct
là, adv.	contraire d'*ici*
las, adj.	synonyme de *fatigué*
laid, adj.	contraire de *beau, joli*
lait, n.m.	liquide blanc et potable produit par la vache, la chèvre, etc.
les	pluriel de l'objet direct *le, la, l'*, pluriel de l'article défini *le, la, l'*

lieu, n.m.	place, localité
lieue, n.f.	ancienne mesure de distance (environ 4 Km)

mai, n.m.	un des douze mois
mais, conj.	marque l'opposition ou la transition
mes	adj. possessif, pluriel de *mon, ma*

maire, n.m.	chef d'une ville
mer, n.f.	océan
mère, n.f.	femme qui a un enfant

mari, n.m.	homme marié, époux
Marie	nom propre

maux, n.m. pl.	pluriel du nom *mal*
mot, n.m.	parole

moi	pronom personnel
mois, n.m.	Une année est composée de douze *mois*.

moral, n.m.	la vie mentale, disposition Malgré sa maladie, il a un bon *moral*.
moral, adj.	qui concerne la moralité
morale, n.f.	science du bien et du mal

mur, n.m. cf. p. 73	côté d'une maison
mûr, adj.	qui arrive à la maturité: une pomme *mûre*; l'âge *mûr*: l'âge de la maturité

or, n.m.	métal précieux
or, conj. cf. p. 170	marque une contradiction, introduit un nouvel élément dans un récit Il a dit que j'aimerais New York, *or* je ne le supporte pas.
ou, conj.	indique une alternative
où, adv.	marque le lieu ou le temps
pair, n.m.	noble, de la même catégorie sociale un nombre *pair*, 2,4,6, etc.
paire, n.f. cf. p. 75	deux choses semblables
père, n.m.	parent masculin
panser, v.	soigner, traiter une blessure
penser, v. cf. p. 76	réfléchir
parti, n.m. cf. p. 87 et p. 119	groupe qui a les mêmes opinions
partie, n.f. cf. p. 82 et p. 87	portion, match
pêche, n.f.	fruit
pêche, n.f. cf. p. 88	action de prendre les poissons
péché, n.m.	transgression de la loi divine
pêcher, n.m.	arbre fruitier

pêcher, v.	prendre des poissons
pécher, v.	transgresser la loi divine
plu, p. 47 et p. 89	participe passé du verbe *pleuvoir*
plu, cf. p. 47	participe passé du verbe *plaire*
plus tôt, adv. comp.	contraire de *plus tard*
plutôt, adv.	indique une préférence
poids, n.m.	nom qui correspond au verbe *peser*
pois, n.m.	légume (le *petit pois*)
poignée, n.f.	ce qu'une main fermée peut contenir, un nombre très réduit
poignet, n.m.	partie du corps entre la main et l'avant-bras
pré, n.m. cf. p. 172	champ
près, adv.	contraire de *loin*
prêt, adj.	préparé
sain, adj.	en bonne santé
saint, n.m.	personne canonisée
sein, n.m.	partie de la poitrine
sale, adj.	contraire de *propre*
salle, n.f.	chambre
sauf, adj.	sauvé (être sain et sauf)
sauf, prép.	excepté
saut, n.m.	nom qui correspond au verbe *sauter*
sceau, n.m.	nom qui correspond au verbe *sceller*

seau, n.m.	récipient pour transporter l'eau
sot, adj., n.m.	idiot, stupide, personne stupide
scelle	partie du verbe *sceller* (cacheter)
sel, n.m.	substance blanche employée pour assaisonner, épice
selle, n.f.	chose en cuir qu'on met sur le dos d'un cheval pour s'y asseoir
sitôt, adv. cf. p. 96	aussitôt
si tôt, adv. cf. p. 96	contraire de *si tard*
suis	première personne du singulier du présent du verbe *être*
suis	première personne du singulier du présent du verbe *suivre*
sûr, adj.	certain
sur, prép.	contraire de *sous*
tâche, n.f.	ce qu'on doit faire
tache, n.f.	marque sale
tant, adv.	un si grand nombre
temps, n.m. cf. p. 80 p. 97 et p.142	durée, ce qu'étudie la météorologie
tante, n.f.	parent féminin qui correspond à *oncle*
tente, n.f.	abri pour les campeurs

toi	pronom personnel
toit, n.m.	ce qui couvre la maison

vaut
vaux   } formes du verbe *valoir*

veau, n.m.   le petit de la vache

ver, n.m.   animal dont se servent les pêcheurs pour prendre les poissons

verre, n.m.   ustensile pour boire

vers, n.m.   chaque ligne d'un poème

vers, prép.   indique la direction

vert, adj.   couleur

veut
veux   } formes du présent de l'indicatif du verbe *vouloir*

voeu, n.m.   souhait, désir

vice, n.m.   défaut moral ou physique, défaut mécanique ou de construction

vis, n.f.   prononcé "visse"
   sorte de clou enfoncé en le tournant avec un tourne *vis*

vis
vit   formes du singulier du présent de l'indicatif du verbe *vivre*

vis
vit cf. p. 10 et   formes du singulier du passé défini (simple) du verbe *voir*
   p. 47

■ *Les Langues Vivantes*

On penserait, n'est-ce pas, que les langues telles que le français, l'espagnol, l'italien, le russe, etc. devraient s'appeler "les langues modernes"? Mais le terme français est "les langues vivantes" ce qui est à la fois plus exact, et facile à se rappeler. Cela montre clairement les dangers de se servir d'un mot qui existe dans les deux langues mais pas avec le même sens.

■ *Hommage au Général*

Pour ne pas croire que tous les emprunts linguistiques sont de l'anglais en français, nous avons rassemblé à nos moments perdus plus de 500 mots et expressions français, qui font partie intégrale du vocabulaire de tout Anglophone cultivé même s'il ne sait aucunement le français. Non seulement des mots courants comme *café, blasé, rendez-vous,* mais aussi une grande partie du vocabulaire de la couture, de la cuisine, de la diplomatie, de l'art et de la vie militaire nous viennent de Gaule. Et un grand nombre d'expressions telles que *bête noire, tête-à-tête, faute de mieux,* et ainsi de suite.

12 ■ Les Faux Amis

One of the most frustrating experiences in reading French is to come upon a word similar to English only to discover the meaning is somehow very different. "Ce garçon a *sensiblement* grandi" makes little sense if the adverb is thought to mean the same as its English equivalent. There follows a list of the most common of the many words shared by the two tongues which are not, however, synonyms. We have first given a French synonym for the "false friend" in question, then the French equivalent for the English, for example:

> *actuellement,* adv.   ✔ en ce moment, maintenant
>   ✗ vraiment, en réalité

There are also a large number of *demi-faux amis,* words like *défendre* which can mean the same as in English, but also have another, different meaning. Compare for example:

L'armée *défend* la ville.
J'ai *défendu* à mon fils d'aller trop près du feu.

It is evident that English will work for the first, not for the second.

And there is another category, not listed here in this section, of words which used to be *faux amis* but which no longer are. *Réaliser* is a good example. For a long time, in French, it had only its literal meaning of making a dream come true, of receiving cash from an investment, etc. Now it can be used to mean imagine, understand, make vivid, the same as its English cognate. Thus one can say, "J'ai *réalisé* mon ambition" and "J'ai *réalisé* que l'élève ne comprenait rien."

To console the perplexed student and the harassed teacher, there are many words with identical meanings in the two languages which help make French easier to read than other foreign tongues. This is encouraging, but examine the following pages with care!

achèvement, n.m.	✔ fin (n.f.)
	✗ accomplissement
achever, v.t.	✔ finir, tuer
	✗ réussir

actuel, adj.	✔ en ce moment
	✘ vrai
actuellement, adv.	✔ adverbe qui correspond à *actuel*
	✘ véritablement
affluent, adj.	✔ s'applique à un cours d'eau
	✘ riche
agonie, n.f.	✔ dernière lutte avant la mort
	✘ souffrance
agoniser, v.i.	✔ verbe qui correspond à *agonie*
	✘ souffrir
agréer, v.i.	✔ accepter
	✘ être d'accord
alléger, v.t.	✔ rendre plus léger
	✘ affirmer, prétendre
allure, n.f.	✔ vitesse, attitude, apparence
	✘ charme
apologie, n.f.	✔ justification
	✘ excuse
application, n.f.	✔ zèle, diligence
	✘ demande, dossier, écrit de demande
appointements, n.m.	✔ salaire
pl. cf. p. 68 et p. 24	✘ rendez-vous
apte, adj.	✔ capable
	✘ avoir tendance
assister à, v.i.	✔ être présent à (mais sans la préposition il a
cf. p. 69	le même sens qu'en anglais, un synonyme du verbe *aider*)
	✘ aider
attendre, v.t.	✔ passer son temps jusqu'à l'arrivée d'une personne ou d'une chose
cf. p. 60	
p. 69 et p. 155	✘ assister à
audience, n.f.	✔ admission auprès d'une personne, séance devant un tribunal
	✘ les spectateurs, l'auditoire (n.m)
avertir, v.t.	✔ informer quelqu'un de quelque chose
	✘ éviter
avertissement, n.m.	✔ nom qui corespond à *avertir*
	✘ réclame

axe, n.m. ✔ principal diamètre d'un corps
✗ hache

bachelier, n.m. ✔ celui qui a son diplôme de bachelier
✗ célibataire
N.B. En France, les jeunes gens passent un examen à la fin de leurs études secondaires, le baccalauréat (le bac, le bachot). Ceux qui y sont reçus peuvent être admis alors dans les "grandes écoles," dans les universités. Cet examen comprend une partie écrite et une partie orale, et il est fondé sur une compétence à peu près comparable à ce qu'on sait en Amérique au bout de l'année dite "sophomore" à l'université.

bigot, bigote, adj. qui est excessivement pieux
et n. qui est intolérant

billion, n.m. ✔ un million de millions (très rare)
✗ milliard

blesser, v.t. ✔ faire mal
✗ bénir

bomber, v.t. ✔ rendre convexe
✗ bombarder

box, n.m. ✔ stalle pour un cheval, compartiment pour une voiture
✗ boîte

bride, n.f. ✔ partie du harnais
✗ épouse, mariée

brutal, adj. ✔ violent
✗ cruel

bureau, n.m. ✔ table de travail, salle de travail
✗ armoire, commode cf. p. 113

cabinet, n.m. ✔ petite pièce
✗ placard

cargo, n.m. ✔ bateau de marchandises
✗ charge

cave, n.f. ✔ sous sol d'une habitation
✗ caverne

chance, n.f. ✔ hasard heureux, bonne fortune
✗ risque

change, n.m. ✔ troc
✗ changement, monnaie

collège, n.m.	✔ école secondaire (11 à 15 ans)
	✗ université, faculté
comédie, n.f.	✔ pièce de théâtre qui finit bien
	✗ pièce comique
comédien, n.m.	✔ tout acteur, et compris un acteur comique
	✗ acteur comique
casque, n.m.	✔ coiffure protectrice en metal ou en plastique
	✗ baril
casquette, n.f.	✔ sorte de béret à visière porté par les jockeys, cyclistes, etc.
	✗ coffret, cassette, cercueil, bière
commode, adj.	✔ pratique, confortable
	✗ spacieux
commode, n.f.	✔ grand meuble
cf. p. 112	✗ chaise percée
compétition, n.f.	✔ comme en anglais pour les sports
	✗ concurrence
complainte, n.f.	✔ chanson populaire
	✗ plainte
complexion, n.f.	✔ constitution du corps, tempérament
	✗ teint
composition, n.f.	✔ examen, ou essai
cf. p. 74	✗ thème, étude
concurrence, n.f.	✔ rivalité
	✗ accord
conducteur, n.m.	✔ personne qui conduit, chauffeur, guide
	✗ contrôleur, chef d'orchestre
confection, n.f.	✔ achèvement, fabrication en série
	✗ sucrerie, bonbon, confiserie
confus, adj.	✔ embarrassé, ou pas clair
	✗ perplexe
congrès, n.m.	✔ assemblée
	✗ parlement
contempler, v.t.	✔ regarder
	✗ penser
correct, adj.	✔ conforme aux règles, au bon goût
	✗ exact
courrier, n.m. sing.	✔ ensemble des lettres, journaux, etc., envoyé par la poste
	✗ messager

course, n.f.	✔ nom du verbe *courir*
cf. p. 75	✘ cours (à l'école)
crier, v.	✔ parler très fort
	✘ pleurer
déception, n.f.	✔ être trompé dans ses espérances
	✘ tromperie
défiance, n.f.	✔ manque de confiance
	✘ défi
délivrer, v.t.	✔ libérer
	✘ expédier, livrer
demander, v.t.	✔ prier
	✘ exiger
	N.B. On ne peut pas en français "demander" une question, on la *pose* ou on la *fait*. Pourtant, on demande un renseignement ou une explication.
dérober, v.t.	✔ voler
cf. p. 177	✘ déshabiller
dévotion, n.f.	✔ attachement à la religion
	✘ dévouement
dot, n.f.	✔ l'argent qu'a une jeune fille pour son mariage
	✘ point
drap, n.m.	✔ toile pour le lit
	✘ rideau
dresser, v.t.	✔ lever
	✘ habiller
éditer, v.t.	✔ publier
	✘ rédiger
éditeur, n.m.	✔ nom qui correspond au verbe *éditer*
	✘ rédacteur
emphase, n.f.	✔ exagération (soit de ton, soit dans les termes employés) antonyme de *naturel, simplicité*
	✘ énergie, vigueur, éclat
engagement, n.m.	✔ promesse
	✘ fiançailles, rendez-vous
errer, v.i.	✔ marcher çà et là sans but
	✘ se tromper
éventuel, adj.	✔ incertain, si le cas se présente
	✘ futur

éventuellement, adv.   ✔ possiblement, hypothétiquement, imprévisiblement, si cela est nécessaire
                            X un de ces beaux jours, finalement

exciter, v.t.   ✔ Méfiez-vous du verbe *exciter* en français. Ce n'est pas tout à fait la même chose qu'en anglais. On peut *exciter* une personne ou un animal en le taquinant, en le provoquant. On peut *exciter* la pitié ou la sympathie, ou l'intérêt de quelqu'un.
                            X S'il s'agit d'un film ou d'un livre, on est *intrigué, passionné, emballé, enthousiasmé,* et ainsi de suite. Si vous recevez une bonne nouvelle, vous en êtes *ravi* ou *enchanté* ou *transporté de joie.* Dans un mot, évitez l'emploi d'*exciter* si vous êtes plein d'allégresse ou d'agitation. Les équivalents ne manquent pas!

extravagant, adj.   ✔ bizarre
                            X coûteux, gaspilleur

faculté, n.f.   ✔ comme en anglais pour *capacité*, section d'une université, Faculté des Lettres, de Droit, de Médecine
                            X corps enseignant

fade, adj.   ✔ insipide
                            X languir, se faner (verbes)

fastidieux, adj.   ✔ ennuyeux, endormant, insipide
                            X recherché, raffiné, exigeant, correct

fat, adj.   ✔ vaniteux
                            X gros

figure, n.f.   ✔ visage
                            X chiffre, taille

filer, v.i.   ✔ partir
                            X défiler

fin, adj.   ✔ mince et élégant
                            X beau

fixer, v.t.   ✔ attacher
                            X raccommoder

football, n.m.   ✔ le "soccer"
                            X le rugby ou "le football américain"

formel, adj.	✔ qui est formulé avec précision, qui ne permet pas de discussion
	✗ correct
formellement	✔ rigoureusement, nettement, certainement
adv.	✗ correctement
front, n.m.	✔ partie du visage, zone de combat
	✗ devant
gale, n.f.	✔ affection de la peau
	✗ tempête
génial, adj.	✔ qui possède le génie
	✗ agréable, sympathique, bien élevé
gentil, adj.	✔ agréable
	✗ doux
grade, n.m.	✔ rang
	✗ note
gradué, adj.	✔ divisé en degrés
	✗ ancien élève, diplômé
grappe, n.f.	✔ groupe de raisins
	✗ raisin
grave, adj.	✔ adjectif comme en anglais
	✗ tombe (n.f.)
grief, n.m.	✔ plainte, motif d'accusation
	✗ douleur
habit, n.m.	✔ vêtement
	✗ habitude
hardi, adj.	✔ audacieux
	✗ robuste
hasard, n.m.	✔ chance, événement imprévisible
	✗ risque
hâte, n.f.	✔ rapidité
	✗ haine
hisser, v.t.	✔ lever (les voiles d'un bateau)
	✗ conspuer
hurler, v.	✔ crier
	✗ jeter
idiome, n.m.	✔ langue propre à une peuplade
	✗ idiotisme
idiotisme, n.m.	✔ expression propre à une langue
	✗ stupidité, idiotie (pron, *si*)
incessamment, adv.	✔ sans délai
	✗ sans cesse

indolence, n.f.	✔ apathie
	✗ paresse
informel, adj.	✔ relatif à l'art abstrait (rare)
	✗ détendu
ingénuité, n.f.	✔ naïveté, simplicité
	✗ ingéniosité
inhabitable, adj.	✔ qu'on *ne* peut *pas* habiter
	✗ habitable
injure, n.f.	✔ insulte
	✗ blessure
insolite, adj.	✔ contraire d'*habituel*
	✗ impoli
intoxication, n.f.	✔ empoisonnement
	✗ ivresse
introduire, v.t.	✔ faire entrer
	✗ présenter
issue, n.f.	✔ sortie
	✗ émission, numéro
journée, n.f. cf. p. 67	✔ mot de la même famille que *jour*
	✗ voyage, trajet
labour, n.m.	✔ travail uniquement agricole
	✗ la main-d'oeuvre, les ouvriers
labourer, v.t.	✔ verbe qui correspond à *labour*
	✗ travailler
lande, n.f.	✔ terre sauvage, inculte
	✗ terre, terrain
langage, n.m.	✔ faculté de communication
	✗ langue
large, adj.	✔ contraire d'*étroit*
	✗ gros, grand
lecture, n.f.	✔ nom qui correspond au verbe *lire*
	✗ conférence
libraire, n.f.	✔ personne qui travaille dans une *librairie*
	✗ bibliothèque
librairie, n.f. cf. p. 70	✔ magasin de livres
	✗ bibliothèque
licence, n.f.	✔ comme en anglais excepté pour les autos, etc.
	✗ permis de conduire
lie, n.f.	✔ dépôts dans un liquide
	✗ mensonge

location, n.f.	✔ nom qui correspond au verbe *louer* (réserver)
	✘ place, lieu, endroit
luxure, n.f.	✔ abandon aux plaisirs charnels
	✘ luxe
machin, n.m.	✔ personne ou chose, truc
	✘ machine
marier, v.	✔ un père *marie* sa fille
cf. p. 84 et p. 141	un prêtre (ou pasteur ou rabbin) *marie* un garçon et une fille
	✘ épouser, se marier à (avec)
mat, adj.	✔ sans éclat
	✘ dessus de plat, carpette
messe, n.f.	✔ office catholique
	✘ désordre
ministre, n.m.	✔ homme d'état
	✘ pasteur
monnaie, n.f.	✔ ce qu'on introduit dans un téléphone public
	✘ argent
nappe, n.f.	✔ ce qui couvre la table dans la salle à manger
	✘ serviette, sieste
net, -te, adj.	✔ propre, clair
	✘ filet
notice, n.f.	✔ exposé succinct, résumé
	✘ avis, avertissement
notoriété, n.f.	✔ bonne réputation
	✘ mauvaise réputation
office, n.m.	✔ fonction publique, cérémonie religieuse
	✘ bureau
officieux, adj.	✔ qui n'est pas encore officiel mais qui provient d'une source autorisée
	✘ pompeux, importun
ombrelle, n.f.	✔ parasol individuel
	✘ parapluie
onéreux, adj.	✔ contraire de *gratuit*, qui occasionne des dépenses (des études onéreuses)
	✘ difficile, exigeant
opportunité, n.f.	✔ ce qui arrive à propos
	✘ occasion

pamphlet, n.m.	✔ écrit satirique et violent
	✘ brochure
partenaire, n.m.	✔ terme sportif
	✘ collègue, associé
parti, n.m.	✔ comme en anglais pour la politique
cf. p. 87 et p. 105	✘ fête, partie
particulier, ère, adj., n.m.	✔ qui appartient à un individu plutôt qu'à un groupe de personnes ou à une compagnie une maison *particulière*=une maison privée
	✔ un individu, personne privée
	✘ exigeant, qui n'est pas facilement satisfait
passer un examen	✔ se présenter à un examen
	✘ réussir, être reçu
peine, n.f.	✔ difficulté, tristesse
cf. p. 88 et p. 151	✘ souffrance
performance, n.f.	✔ terme sportif
	✘ représentation
peuple, n.m.	✔ classe de société ni aristocratique ni bourgeoise, groupe qui forme une nation
cf. p. 88	✘ personnes
photographe, n.m. ou f.	✔ celui qui prend des photos
	✘ une photographie (photo)
phrase, n.f.	✔ proposition complète (entre deux points)
	✘ proposition subordonnée, locution
physicien, n.m.	✔ qui s'occupe de la physique
	✘ médecin
pièce, n.f.	✔ pièce de théâtre, chambre, fragment, document
cf. p. 152	✘ morceau, feuille (de papier)
placard, n.m.	✔ armoire pratiquée dans un mur
	✘ brochure, affiche, écriteau
place, n.f.	✔ comme en anglais, aussi là où l'on s'assied, partie d'une ville où plusieurs rues se rencontrent: la place de la Concorde à Paris
cf. p. 152	✘ lieu, endroit
plaisant, adj.	✔ amusant
	✘ agréable

plat, n.m. cf. p. 68	✔ pièce de vaisselle plus grande qu'une assiette, son contenu ✘ assiette
plate-forme, n.f.	✔ terrasse, plancher ✘ *quai* dans les gares
populaire, adj.	✔ qui appartient au peuple, démocratique ✘ aimé de tout le monde
préjudice, n.m.	✔ tort ✘ préjugé
présentement, adv.	✔ maintenant ✘ bientôt
prétendre, v.	✔ affirmer, vouloir, aspirer ✘ feindre
prétention, n.f.	✔ volonté, exigence ✘ aspiration
prévenir, v.	✔ informer à l'avance ✘ empêcher
prime, n.f.	✔ récompense (n.f.) ✘ premier (adj.)
procès, n.m.	✔ instance devant un juge ✘ méthode, marche des événements
procureur, n.m.	✔ magistrat de l'accusation ✘ entremetteur
propre, adj.	✔ indique la possession, contraire de *sale* ✘ comme il faut, correct
provoquer, v.	✔ défier, occasionner ✘ irriter
prune, n.f.	✔ espèce de fruit frais ✘ pruneau (prune séchée)
quart, n.m.	✔ la fraction *un sur quatre* ✘ mesure qui correspond à un *litre*
rage, n.m.	✔ maladie, surtout des chiens, dont Pasteur a trouvé le remède ✘ colère, se mettre en *rage*
raisin, n.m.	✔ fruit de la vigne ✘ raisin sec
ravissement, n.m.	✔ enchantement ✘ rapt, viol

rayon, n.m.	✔ lueur, tablette d'une bibliothèque
	✘ rayonne, soie artificielle
réclamer, v.t.	✔ protester, exiger son dû
	✘ récupérer
récupérer, v.t.	✔ reprendre possession
	✘ reprendre sa santé, se remettre
	N.B. *Récupérer* commence à se dire dans ce sens.
rein, n.m.	✔ partie du corps
	✘ rêne, bride, guide
relation, n.f.	✔ ami, connaissance
	✘ parent
relief, n.m.	✔ inégalité de surface
	✘ soulagement
rente, n.f.	✔ revenu
	✘ loyer
rentier, n.m.	✔ nom pour celui qui vit de ses *rentes*
	✘ locataire
reste, n.m.	✔ ce qui demeure
	✘ repos
rester, v.	✔ verbe qui correspond au nom *reste*, demeurer
	✘ se reposer
retirer, v.	✔ tirer une chose d'où elle est
	✘ se coucher, prendre sa retraite
retourner, v. cf. p. 94	✔ revenir
	✘ rendre
ride, n.f.	✔ pli du visage, de la peau
	✘ chevauchée (cheval), tour (auto), promenade (auto)
rider, v.	✔ verbe qui correspond au nom *ride*
	✘ chevalier (n.m.)
roman, n.m. cf. p. 94	✔ livre d'imagination en prose
	✘ romain
romance, n.m.	✔ chanson sentimentale
	✘ idylle
romanesque, adj.	✔ qui ressemble à un roman
	✘ romantique, en architecture: roman
rude, adj.	✔ âpre, dure, redoutable
	✘ impoli

sage, adj.	✔ prudent, circonspect, obéissant
	✘ sagace, intelligent
sale, adj.	✔ contraire de *propre*
	✘ vente (n.f.)
sanguin, adj.	✔ qui a rapport au sang
	✘ optimiste
séculaire, adj.	✔ très ancien
	✘ laïque, séculier, temporel
sécurité	✔ assurance médicale en France
sociale, n.j.	✘ subvention pour les personnes à la retraite
sensible, adj.	✔ ce qui est perçu par les sens
	✘ intelligent, sage
sentence, n.f.	✔ maxime, jugement
	✘ phrase
singe, n.m.	✔ animal, parent du gorille, orang-outang, etc.
	✘ brûler légèrement
slip, n.m.	✔ culotte courte, sous-vêtement, bikini pour hommes
	✘ gaffe, faux-pas
sort, n.m.	✔ destin
cf. p. 96	✘ sorte, genre
stable, adj.	✔ adjectif comme en anglais
	✘ écurie (n.f.), étable (n.f.)
store, n.m.	✔ rideau déroulable
	✘ magasin, boutique
succéder (à), v.	✔ venir ensuite
cf. p. 58	✘ réussir
suite, n.f.	✔ nom du verbe *suivre*
	✘ complet, costume
supplier, v.	✔ prier, implorer
	✘ fournir
surnom, n.m.	✔ nom ajouté au nom de famille ou au vrai nom: Philippe-le-Bel, Jean-sans-Terre
	✘ nom de famille
tarder à, v.	✔ prendre du temps
cf. p. 97	✘ être en retard
translation, n.f.	✔ action de transférer
	✘ traduction

trappe, n.f.	✔ ouverture dans le plancher, la couverture d'une telle ouverture
	✗ piège
trépasser, v.	✔ mourir
	✗ faire intrusion, envahir
trivial, adj.	✔ bas, grossier
	✗ sans importance
tuteur, n.m.	✔ personne chargée de protéger un mineur
	✗ précepteur
unique, adj.	✔ seul, seulement
uniquement, adv.	✗ étrange, étrangement
user, v.	✔ détériorer
	✗ employer
vacation, n.f.	✔ temps consacré à l'examen d'une affaire (rare)
	✗ vacances (s'emploie uniquement au pluriel)
versatile, adj.	✔ inconstant, qui change facilement d'opinion
	✗ qui a des aptitudes diverses
veste, n.f. cf. p. 99	✔ vêtement à manches qui se boutonne devant et qui couvre le buste jusqu'aux hanches
	✗ gilet (qui se porte sous la veste)
vicieux, adj.	✔ qui a rapport au vice, dépravé, pervers
	✗ féroce
vilain, adj.	✔ méchant, malhonnête
	✗ sale personnage, rôle ingrat
visiter, v. cf. p. 99	✔ comme en anglais pour les lieux, pas pour les personnes
	✗ faire ou rendre visite à une personne
vulgaire, adj.	✔ commun, sans élégance
	✗ risqué, sordide
wagon, n.m.	✔ voiture de train ou de métro
	✗ charrette

A. Some not so faux, faux amis

The words in this category are not entirely "faux-amis". They are used as in English, but also have an added meaning unknown in English, or vice-versa. We think it important that this further meaning be clearly understood.

addition, n.f.	comme en anglais et aussi ce qu'on paye dans un restaurant
aisé, adj.	comme en anglais mais aussi *riche*
allô, interj.	bonjour (employé seulement au téléphone)
amateur, n.m.	comme en anglais et aussi celui qui aime quelque chose. C'est un *amateur* du cinéma—il y va tous les jours.
blouse, n.f.	comme en anglais, synonyme de *chemisier*, mais surtout vêtement de travail mis par-dessus les autres pour les protéger
caractère, n.m.	comme en anglais, mais *personnage* dans un livre ou une pièce de théâtre.
causer, v.	comme en anglais mais aussi *parler, bavarder*
circulation, n.f.	comme en anglais et aussi mouvement des voitures dans les rues
conférence, n.f.	comme en anglais et aussi discours, speech
copie, n.f.	comme en anglais et aussi un devoir à l'école Un professeur consciencieux corrige soigneusement les *copies* de ses élèves.
crayon, n.m.	comme en anglais mais aussi objet en bois et en graphite pour écrire
défendre, v.t.	comme en anglais et aussi ne pas permettre
défense, n.f.	comme en anglais et aussi *interdiction,* le contraire de *permission*

doubler, v.t.	comme en anglais, et aussi quand on conduit sur la route on *double* une autre voiture; *doubler* un film, c'est substituer une langue à celle employée dans le film original. Il ne faut pas *doubler* dans les tournants (dépasser une autre voiture). Les films étrangers ont des sous-titres, ou bien ils sont *doublés*.
étiquette, n.f.	comme en anglais et aussi morceau de papier qui indique le prix, etc. d'un objet
expérience, n.f.	comme en anglais et aussi ce qu'on fait dans un laboratoire
formidable, adj.	comme en anglais et aussi *merveilleux, étonnant, remarquable*
hôte, n.m.	celui qui est invité aussi bien que celui qui l'invite (hôtesse, n.f.) L'*hôte* circule parmi ses *hôtes*.
hôtel, n.m.	comme en anglais et aussi *maison privée* d'une illustre famille
hôtel particulier, n.m.	maison privée (L'Hôtel Matignon, la résidence du premier ministre)
humeur, n.f. cf. p. 82	comme en anglais pour la disposition de l'esprit, mais pas *humour* Il fait beau; donc, je suis de bonne *humeur*. Mon ami m'amuse. Il a de l'*humour*.
ignorer, v.t.	comme en anglais et aussi *ne pas savoir*
inférieur, adj.	comme en anglais et aussi plus près de la mer (Seine *inférieure*)
intelligence, n.f.	comme en anglais et aussi *entente, relations secrètes*, mais pas *espionnage*
intérêt, n.m.	comme en anglais, et *amour de soi, égoïsme* Il m'aide non par amitié mais seulement par *intérêt*.
lard, n.m.	comme en anglais mais aussi *bacon*

magasin, n.m. même comme terme militaire mais aussi une assez grande *boutique*

major, n.m. officier supérieur, mais dans l'armée commandant ou médecin

matinée, n.f. comme en anglais et la première partie d'une
cf. p. 67 journée

mine, n.f. comme en anglais et aussi *teint, expression*

nerveux, adj. comme en anglais et aussi s'applique à un moteur qui a de bonnes reprises

nombre, n.m. comme en anglais mais pas le caractère qui le
cf. p. 72 représente, qui est un *chiffre*
43 est un *nombre* composé de deux *chiffres*, *4* et *3*.

note, n.f. comme en anglais et aussi ce qu'on donne en classe pour indiquer la qualité du travail

papier, n.m. comme en anglais mais pas *journal* ni devoir écrit

parent, n.m. comme en anglais et aussi tout autre membre de la famille: *oncle, tante, cousin*, etc.
N.B. Mes *parents* (père et mère), l'un de mes *parents* (cousin, etc.)

position, n.f. comme en anglais sauf en société *standing*

proposition, n.f. comme en anglais et aussi partie d'une phrase ayant sujet et verbe

quai, n.m. comme en anglais pour les bateaux, aussi employé dans les gares

race, n.f. comme en anglais, mais *course* en parlant sport

reconnaissance, n.f. même pour ce qui est stratégique, aussi *gratitude*
Le pessimiste prétend que la *reconnaissance* n'existe pas.

répétition, n.f. comme en anglais et aussi préparation d'une pièce de théâtre ou d'un morceau de musique

résumer, v.t.	comme en anglais mais pas *reprendre*
réunion, n.f.	comme en anglais et aussi l'action de *rejoindre*
rumeur, n.f.	comme en anglais et aussi *son confus de voix*
sauvage, adj. cf. p. 153	comme en anglais, aussi *timide, misanthrope*
science, n.f.	comme en anglais et aussi *connaissance exacte, savoir*
siège, n.m.	comme en anglais pour ce qui est militaire, aussi ce sur quoi on peut s'asseoir (*chaise, banc, sofa,* etc.)
signaler, v.t.	comme en anglais et aussi *dénoncer, révéler*
spirituel, adj. cf. p. 174	comme en anglais et aussi ce qui a de l'esprit, de l'humour, *amusant*
sujet, n.m.	comme en anglais, mais pas *cours* ou *matière*
supporter, v.t.	comme en anglais et aussi *tolérer*
sympathie, n.f.	comme en anglais et aussi *affection, amitié*
sympathique, adj.	comme en anglais et aussi ce qu'on trouve agréable
terme, n.m.	comme en anglais, mais pas *trimestre*
toilette, n.f.	comme en anglais et aussi *vêtement féminin* Les *toilettes* des femmes étaient magnifiques.
traitement, n.m. cf. p. 68	comme en anglais et aussi *rémunération* d'un employé de l'Etat

---

 Logique ?

Bonjour et *bonsoir* s'écrivent en un seul mot tandis que *bonne nuit* s'écrit en deux mots. Il y a une explication, mais ce n'est pas la peine de la savoir.

■ *Mini-Mots*

Nos étudiants se plaignent souvent que les mots français sont longs, complexes, orthographiquement difficiles. Pour les consoler, voici une liste de 56 mots composés de seulement deux lettres:

ah	dé	ha	mi	où	tu
ai	do	if	mu	pu	un
an	du	il	ne	ré	us
as	dû	je	né	ri	ut
au	eh	la	ni	sa	va
bu	en	là	nu	se	vu
ça	es	le	oh	si	
ce	et	lu	on	su	
ci	eu	ma	or	ta	
de	fa	me	ou	te	

■ *Le Baisemain*

Au lieu de lui serrer la main, un Monsieur dans les milieux aristocratiques pourrait saluer une dame en lui posant ses lèvres sur le dos de sa main. Il ne le ferait jamais à une jeune fille ni à une femme célibataire. Pour un étranger d'adopter cette coutume peut paraître un peu affecté, bien qu'il soit de rigueur de faire à Rome ce que font les Romains. On pourrait s'en tenir à lui soulever la main à cette dame. Quelque soit le milieu dans lequel on se trouve, un Monsieur attendra toujours que la femme lui offre la main. Ce n'est pas à lui d'être le premier à offrir la main. Non et non et non!

13 ■ Words, Words, Words

A. Some short cuts to understanding vocabulary

It is both interesting and useful for a student to identify words through recognition of how they change in passing from one language to another. The teaching and learning of French vocabulary through cognates is inevitable, and up to a point, desirable. The surprise for the teacher, however, is the discovery that many of his students don't know the English, so the comment that "nous avons le même mot en anglais" is not always of much help. A greater *piège* is that the student aware of the enormous number of cognates available will make up a French word that doesn't exist, or use a cognate which — though perfectly good — simply is not very French. Some of the meatiest, most specific, most French vocabulary has no English equivalent. Recognizing cognates is useful, but using cognates almost exclusively is dangerous. And great care must be taken to pronounce these cognates as the French do. After all, a word such as *révolution* sounds quite different from our *revolution*.

1. Un circonflexe indique un S qui existait dans le vieux français.
   ex. forêt

2. Un É ou un E au début d'un mot indique quelquefois un mot latin qui commençait par un S.
   ex. établissement (Latin *stabilis*)
   école (Latin *schola*)
   esprit (Latin *spiritus*)

3. Un E final est souvent en anglais un Y.
   ex. faculté

4. Quelquefois un G ou un GU au début d'un mot français se remplace par un W en anglais.
   ex. gage, Guillaume

5. La terminaison adverbiale MENT est LY en anglais.
ex. grandement

B. Common prefixes

Prefixes in French are quite similar to those in English. A student who has them well in mind, however, will find them extremely useful in extending his vocabulary. Beginning students in particular must be able to separate the prefix from the stem and, in so doing, are more likely to recognize the latter.

anti —   contre
une *antitoxine* est un remède *contre* le poison.
auto —   par soi-même
une *automobile* est une voiture qui n'a pas besoin d'être tirée par des chevaux.
com —   avec
un *compagnon* est une personne qui est *avec* vous.
dé(s) —   non
un *déshérité* est celui qui n'a pas les avantages dont jouissent les autres.
é —   de
un *évadé* s'est échappé *de* prison.
équi —   égal
Six est l'*équivalent* d'une demi-douzaine.
extra —   hors de
ce livre *extraordinaire* sort de l'ordinaire.
im —   dans
pour certains, un baptême comprend l'*immersion* totale *dans* l'eau.
in —   dans
il s'est *inscrit dans* le registre des candidats.
inter —   entre
il ne faut pas les *interrompre*; ils parlent d'affaires sérieuses.
mau —   mal
il *maudit* tous ses professeurs de l'avoir trop puni.
mé —   non
il est *mécontent* de son sort.
o/ob (rare)—   exclu
on a *omis* son nom de la liste à cause de sa stupidité.

post —   après
il a *postdaté* son chèque pour être certain d'avoir les fonds néces-
saires.
pré—   avant
il a *préparé* son voyage.
re — (r' devant une voyelle   une seconde fois
     ou *h* muet)
sa lettre était si mal écrite qu'il fallait la *refaire*.
télé —   loin
il observe les étoiles à travers son *télescope*.
trans —   a travers, ailleurs
nous avons *transporté* nos effets au grenier.

A Noter: L'adjonction du préfix *re* à un verbe commençant par un *s* n'a
pas toujours pour conséquence le redoublement de cet *s*. C'est ainsi qu'on
écrit *ressaisir* mais *resaler*, *resservir* mais *resalir*, etc. Les verbes suivants
s'écrivent avec deux *s*: *ressauter*, *ressayer*, *ressembler*, *ressentir*, *resserrai*,
resservir, *ressortir*, *ressouvenir*, *ressurgir* (ou *resurgir*), *ressusciter*, *ressuyer*.
Mais, ce préfix qui s'écrit *re* ou *res* se pronounce *re*.

C. Words which begin with an aspirate H

Words beginning in h in French fall into two categories, *mute* and
aspirate. In our last edition we stated that *mute h* was never pronounced as
the name suggests, whereas *aspirate h* was lightly sounded. Not so. Neither is pronounced at all, so drop your *h's* like a good Cockney and never
mind what Nanny told you.

So that proved a "pitfall" for us. A further difficulty for the French as
well as us is that with *mute h* an "elision" and "liaison" are required,
l'homme, un homme; and with *aspirate h* they are forbidden, *le hangar*,
un hangar. The *aspirate h* marks a hiatus, a pause which would be lost
were there an elision or liaison.

So how can you tell which *h* you are dealing with? It's imperative that
you know. As long as I live I will never forget the withering look I got from
a French waiter in Paris when as a young man I ordered "des haricots
verts". He spat back at me, "Monsieur désire *des‖haricots verts?*" So even a
waiter cares deeply about *aspirate* and *mute h's*, and so should we to avoid
the scorn that tears at the liver like a promethean vulture. St.-Exupéry

warns us carefully about rooting out baobab trees early while it still can be done. Please be warned about "*des ‖ haricots verts*" if you ever wish to stare down a French waiter.

So, how can you tell? Well, consult the following list of *aspirate h* words, a list fairly complete but not exhaustive. Also, some French dictionaries (Le Petit Larousse, for one) mark *aspirate h's* with an asterisk. There is no hard and fast rule to help distinguish between the two categories. Words derived from Latin are generally *mute h*; non Latin words, and especially English words, are more often *aspirate h*. But don't rely on it, and how about these examples: *le héros* (aspirate), but *l'héroïne* in the feminine (mute); and Sartre's play *Huis clos*, which in its title avoids choosing between *le huis clos* and *l'huis clos*, both possible? *Bon courage!* And, by the way, do you say "a hiatus" in English, or "an hiatus"?

N.B. It appears that the distinction between *aspirate* and *mute h* is becoming more and more blurred in current French usage, particularly for those *aspirate h* words in daily use. Still, my gut feeling is that an educated French person would surely notice if you, a foreigner, were not more virtuous than Caesar's wife.

hache, n.f.	instrument qui sert à couper le bois	hangar, n.m.	grand abri souvent employé pour les avions, machines agricoles, etc.
hagard, adj.	expression qui indique la peur		
haie, n.f.	mur fait de buissons ou de branches entrelacées	hanter, v.	fréquenter, obséder
		hara-kiri, n.m.	comme en anglais
haillon, n.m.	vieux vêtement en morceaux	harangue, n.f.	discours
		harem, n.m.	comme en anglais
haine, n.f.	contraire d'*amour*	hareng, n.m.	petit poisson
haïr, v.	contraire d'*aimer*	hargne, n.f.	mauvais humeur acerbe
hall, n.m.	mot anglais, mais pas *corridor*	haricot, n.m.	légume
halle, n.f.	marché couvert	harnais ou harnois, n.m.	équipement pour un cheval
halte, n.f.	arrêt	harpe, n.f.	instrument de musique
hameau, n.m.	tout petit village		
hanche, n.f.	cuisse	harpon, n.m.	comme en anglais
handball, n.m.	mot anglais	hasard, n.m.	chance, événement imprévu
handicap, n.m.	mot anglais		

hausse, n.f.	contraire de *baisse*	hollandais, adj.	qui se rapporte à la Hollande
hausser, v.	rendre plus *haut*	Hollande, n.f.	pays européen
haut, n.m.	élévation	homard, n.m.	crustacé avec de longues pinces
haut, adj.	contraire de *bas*	honte, n.f.	humiliation,
hautain, adj.	arrogant	cf. p. 166	déshonneur
La Havane	capitale de Cuba	hoquet, n.m.	contraction du diaphragme: il faut
havre, n.m.	port de mer		frapper le dos pour
Le Havre	port à l'embouchure de la Seine	hors, prép.	l'arrêter excepté
havresac, n.m.	sac porté par les soldats au dos	hors de, loc. prép.	à l'extérieur de
hein!	interjection d'interrogation ou de surprise	Hottentot, n.m.	comme en anglais
		houblon, n.m.	plante de laquelle on fabrique la bière
hennir, v.	un cheval *hennit* quand il crie	houille, n.f. cf. p. 166	combustible comme le *charbon*
hennissement, n.m.	cri d'un cheval	houle, n.f.	agitation de la mer, mouvement des vagues
héraut, n.m.	officier qui autrefois annonçait les messages		
		hublot, n.m.	fenêtre ronde d'un bateau
héron, n.m.	oiseau	Huguenot, n.m.	Protestant
héros, n.m. cf. p. 141	comme en anglais		français
		huit, adj.	chiffre qui vient entre *sept* et *neuf*
hibou, n.m.	oiseau nocturne qui mange les souris	hurler, v.	crier
hiérarchie, n.f.	comme en anglais	hurrah, interj.	comme en anglais
hockey, n.m.	mot anglais	hutte, n.f.	habitation primitive

D. English words now accepted in French

Correct French usage now accepts hundreds of English words in spite of the protest of purists, among whom was the late, great *Général*. Enough are listed here to give you an idea. Or, open your

French-French dictionary anywhere and start looking. It's a rare two-page spread that hasn't at least one such word.

One should be aware perhaps that there are two big categories; those used originally for snob or mod purposes, and those for which there is no French equivalent, such as *bulldozer*.

N.B: English nouns adopted by the French are usually masculine. cf. p.180. Those on our list which are feminine are marked.

A word of caution concerning the pronunciation of English borrowings: Sometimes a Frenchman who knows English well will make a point of saying these words the way an Englishman or an American would say them. But all too often they are unrecognizable as English, and the hardest words for many an Anglophone to understand when talking French are the very ones which would be easiest if he were reading. It is not uncommon to hear monolingual Frenchmen speak of the "snake", his idea of how to say *snack-bar*. Perhaps the best illustration is the true story of the French peasant when he saw his first English sweater, the kind that goes over the head. A young man just returned from across the Channel was proudly sporting one, lush green in color, and the farmer was told it was called a *pullover*. Shortly after that he saw his second, this time a red one, and he was heard to exclaim: "Quel joli pullo rouge!" As most Frenchmen pronounce the word "pulloverre", the misunderstanding is readily comprehensible. So don't be surprised if you hear "hig-leaf" for *high-life* or "dadhit" for *dead-heat*. Before you grow too impatient, remember we have "chick" dresses and "nave" individuals!

after-effect
attorney
auto-stop

baby
bacon
badge
bank-note
best-seller
blizzard
blue-jean
bluff
boulingrin (bowling green)

bow-window
boy (chorus man)
boy-scout
brainstorming
brain-trust
bridge (jeu de cartes)
briefing
building
bulldozer

camping
check-up (médical)
cocker
cockpit

cocktail
copyright
court (tennis)

dancing
drugstore

drink
drive (tennis)

engineering

ferry-boat
film
five-o'clock

flirt (flirter)
folklore
footing

gadget
garden-party
les gens in

girl (chorus girl), n.f.
grape-fruit

hall
happening

hippie
hobby

in (être in)

interview, n.f. (interviewer)

jazz (hot)
job

ketch
kidnapper
kilt
kitchenette, n.f.

label
lad
lady, n.f.
lavatory
leader
leadership
leasing
let (tennis)
living (salon)

lob (tennis)
lobby
lock-out
looping (aviation)
loran
lord
love (tennis)
lynch (lynchage) (lyncher)

made in (France)
management
manager
marketing

match (pluriel *matchs* ou *matches)*
milk-bar (des milk-bars)
missile
music-hall

nurse, n.f.
nursery

O. K.

paquebot (packet boat)
parking
patient (n.) (médical)
performance, n.f.
pick-up
pin-up
pipe-line

redingote (riding coat), n.f.
relaxer

sandwich
script
select
setter
sex-appeal
sexy
shake-hand
shampoing
shopping
short (vêtement)
show
show-boat
side-car
skating
sketch (au théâtre—pluriel
    sketches)
skiff
slang
sleeping (voiture)
slip (vêtement)

ticket
toast
tramway
trench-coat

planning
politicien (péjoratif)
pop (musique)
poster
profit sharing
promotion des ventes
pullover

revolver
round-up

slogan
sloop
slow (danse)
smart
smash
smoking (vêtement)
snack-bar
sofa
speaker (celui qui annonce
    à la radio, etc.)
speakerine, n.f.
sport
standard
standing
star (vedette)
steamer
stick (bâton)
stop
surprise-party, n.f.
sweater

trick
trust (combinaison économique
    ou financière)
tub

up-to-date

wagon	whisky
water-closet	whist
weekend	wigwam

yankee
yearling

Quelquefois un mot emprunté au français se modifie en anglais et plus tard retraverse la Manche et redevient français mais sous sa nouvelle forme.

Exemples: nourrice — nurse
     l'oeuf (zéro) — love

E. Words and expressions borrowed from the French but used differently

Many of us have known the frustration of arriving in France and using an expression such as *demi-tasse* which we already know of course, and which we are sure will immediately serve to establish communication. And then we find that the French meaning is not the same as the one we have given it. You will find here a list of the more common of these words. We first give a French synonym, then the French equivalent of the meaning we have bestowed on it in English.

à la mode	✔ chic
	✘ une tarte avec de la glace
brassière	✔ chemise à manches pour les bébés
	✘ soutien-gorge
café	✔ où l'on boit
	✘ restaurant
	N.B. On ne sert pas à manger dans un café français.
commode	✔ meuble avec tiroirs
	✘ chaise percée
corsage	✔ blouse
	✘ bouquet de fleurs

demi-tasse	✔ une tasse à moitié pleine
	✘ une petite tasse de café
détour	✔ sinuosité d'une route
	✘ déviation, faire un crochet
encore	✔ toujours, de nouveau, davantage
	Il est encore là.
	Il est encore venu.
	✘ bis, encore une fois
foyer	✔ cheminée, famille
	✘ entrée
lorgnette	✔ petite lunette grossissante
	✘ face-à-main
prairie	✔ champ
	✘ plaine

F. Correct French now "vieux jeu"

This section contains both vocabulary and grammar once considered correct and necessary but now no longer required. Continued use is certainly not incorrect, but could be considered amusing, old-fashioned, or pedantic.

Section A, devoted to vocabulary, lists the old word in the left column and its replacement in the right. Section B, devoted to grammar, is self-explanatory.

A. VOCABULARY

l'aéroplane, m.	l'avion, m.
l'autocar, m.	le car
l'automobile, f.	l'auto, f.
faire cuire	cuire
merci de	merci pour
midi un quart, midi et un quart	midi et quart
le phonographe	le phono, le tourne-disque, le pick-up, une chaîne Hi Fi
la photographie	la photo

la plume	le stylo
se porter (santé)	aller
la T.S.F.	la radio
et pour la prononciation:	
les moeurs (*s* muet)	les moeurs (*s* prononcé)

B. GRAMMAR

Lorsqu'on pose oralement une question, on n'est plus obligé de faire une inversion du sujet et du verbe. La question se fait entendre par le ton de l'interlocuteur.

On insistait autrefois pour que les jours de la semaine et les mois de l'année s'ecrivent avec une minuscule sauf au début d'une phrase. Aujourd'hui on les voit écrits également avec une majuscule.

EX. Je vous verrai le deuxième Lundi d'Avril.

En s'emploie souvent à la place de *dans* avec les noms composés de lieu géographique.

EX. *En* Amérique du Sud, plutôt que *dans* l'Amérique du Sud

EX. *En* Asie Mineure, plutôt que *dans* l'Asie Mineure

Je *peux* remplace je *puis* à la première personne du singulier, sauf à l'interrogatif

EX. *Puis*-je?

Ne . . . point, négation plus forte que *ne . . . pas*, est peu employé de nos jours, presque pas dans le langage parlé. Cf. p. 169

Dans le langage parlé, beaucoup de personnes négligent de faire l'accord du participe passé *à l'intérieur* de la phrase. Cf. p. 183

"Vous avez fait la leçon ?

—Oui, je l'ai *appris* avant de me coucher."

"Vous avez *appris* la leçon ?

—Oui, je l'ai *apprise*."

N.B. Lorsque la phrase est écrite, on est tenu de faire l'accord du participe passé où qu'il soit. (Pourtant nous avons reçu pas mal de lettres sans accord.) Un enseignant ami me dit qu'on entend bien sûr des Français qui ne font pas les accords, mais qu'on ne peut pas "l'accepter".

Il est permis aujourd'hui de ne plus employer *ne* après *craindre*, *avoir peur*, etc.

Je *crains* qu'elle soit malade.

G. Words commonly misspelled

This section is of course far from exhaustive. What we have tried to do is list in alphabetical order words which for one reason or another are all too frequently misspelled. It is readily understandable that Anglophones write the French word *mariage* with two *r*'s or *exemple* with an *a*. Others, like *beaucoup* without the first *u*, are less readily explicable. Carelessness? We don't know, for that particular word seems "pitfall-less" enough, yet far too often it is incorrectly written. All of you could offer many other candidates to be included here. But those that do appear we have found especially prevalent.

abbaye	appareil
adresse	appartement
agressif	appeler
agréable	aqueduc
ailleurs	asseoir, cf. p. 68
aimable	atterrir
ajourner, ajuster, etc.	attraper
Allemagne, cf. p. 66	auteur
annonce	automne
apaiser	avancer
baie	beaucoup
baigner	brillant
bateau	
canon	commander
caoutchouc	comprenait
caractère	confort, confortable
chaîne	consommation
chirurgie	couleur
choisir	coûter
choquer	cri
circonstance	cueillir, cf. p. 43 et p. 44
danse, cf. p. 70	désir
danser	développement
définitivement	développer
demeurer	dilemme

diplôme
doigt

échanger
ennemi
enveloppe
estomac

flacon
fondamental

galant
galop
gentil(le)

hasard
héros cf. p. 133

infirmerie
infortuné
inhabité

jugement
jusqu'à

langue
langage

mademoiselle
magasin
margarine
marier, mariage cf. p. 84
   et p. 118

occurrence
oeil (yeux)

paquet
paraît
paresseux
peintre
pilier
pilule

dommage

événement
examen cf. p. 74
exemple
exercice

gelé
grenouille

hutte
hymne

intéressant, intéresser
irréligieux, irréligion

jusque

leur (pronom)

matière
Méditerranée
mélancolie
monsieur
mouvement

organisation

plusieurs
poisson
pratique
professeur
professionnel
puits

recommandation	responsabilité
religieux, religion	ressembler
rempart	rez-de-chaussée
renseignement	ruban
second cf. p. 77 et p. 147	
scolaire	
temps cf. p. 80, p. 97 et p. 107	terrasse
tentation	tout de suite
veille	vieille
viellard	

H. Les liaisons

The beginning French student in a direct method class does not seem to find liaisons much of a problem. When he is first introduced to reading he may forget, but the awkward hiatus is readily apparent. A *"Comment?"* from the teacher brings a quick correction. There are certainly more errors of omission than of commission.

More advanced students on the other hand start to put in liaisons where they shouldn't be, and there is a particular pıɔblem with aspirate *h*, with which we deal in a separate category. Cf. p. 131. Finally, there is that confusing area of the *liaison facultative* where there is really no right or wrong but only personal taste. The student, however, having heard both, is perplexed and starts making mistakes in areas where there is no choice.

The tendency in France today is to place more emphasis on individual words and to make the liaison only in those cases where it is required. We have probably been too categoric in our listing of obligatory liaisons. One might just as well say today "des enfants ‖ obéissants" as "des enfants obéissants". Grammarians point out that sometimes a choice permits a rather fine distinction, e.g., "un savant aveugle" would indicate "un aveugle qui est savant" whereas "un savant‖aveugle" would mean "un savant qui est aveugle."

A. *Liaison obligatoire*

1. entre pronom sujet et verbe: vous êtes

2. entre adjectif qui précède et le nom: les bonnes auberges
3. après *est* et *sont:* C'est une femme. Elles sont à Paris.
4. après l'article défini *les:* les hôtels
5. après l'article indéfini *un:* C'est un ours.
6. et aussi après *une:* C'est une ourse.
7. après un chiffre: deux ailes
8. après *pas:* pas encore (mais on entend pas‖encore)
9. après les prépositions: en avion
10. quand il y a inversion: plaît-il
11. entre un adverbe et son adjectif: très important

B. *Liaison interdite*

1. après la conjonction *et:* Georges et ‖ Anne
2. entre un nom sujet et son verbe: les animaux ‖ ont faim
3. devant *huit, onze* et *oui:* nous sommes ‖ huit, (onze); il a dit ‖ oui
4. après *am, em, om, um:* un référendum ‖ et ‖ une plébiscite
5. après *n* final, *an, non:* le bébé a un an ‖ et demi

C. *Liaison facultative* (au choix)

1. devant la conjonction *et:* mes amis et moi; mes amis ‖ et moi
2. après la lettre *g:* un long opéra; un long ‖ opéra

En faisant les liaisons,

les *G*	se prononcent comme un *K.*
les *S* et les *X*	se prononcent comme un *Z,* les beaux esprits
les *D*	se prononcent comme un *T,* un grand homme
les *F*	se prononcent comme un *V,* dix-neuf hommes

I. Pronunciation problems

If French children are continually writing *dictées* the reason is that many words are not spelled as they are pronounced. Their *dictées* are really a more sophisticated form of our spelling bee. These exercises in Spanish, for instance, would be ridiculous as it is almost impossible to misspell a word in Spanish once one understands a few simple rules.

Not so in English and French, alas! There have been daring efforts through the centuries to simplify French spelling, to make it phonetic. There have been some changes, obviously, but nothing more than a concession here and there. People now just shrug their shoulders— very Gallic!

We have divided this category into two parts. First, the rule plus the many exceptions for the pronunciation of final consonants; then, some of the words which are most frequently mispronounced by Anglophones. As we do not expect those who use this book necessarily to know the International Phonetic Alphabet, we have simply transposed the spelling into an approximation of the French sound. It is understood, of course, that the transpositions are to be read as French, not English.

(a) *Prononciation des consonnes finales*

En général une consonne finale est muette, excepté quatre—*C, R, F* et *L*. On peut facilement se rappeler cela par le mot anglais *CaReFuL*.

Il suit que le *c* se prononce dans *arc,* stylo *"Bic," bac, fac, parc, pic, trac, troc, truc, Turc.*

Mais tout de suite, il y a des exceptions: le *C* ne se prononce pas dans *accroc, banc, blanc, broc, clerc, cric, croc, escroc, estomac, flanc, franc, porc, tabac, tronc.*

Le *R* ne se prononce pas dans *Alger, danger, étranger, foyer, léger, oranger* et *Roger*, ni dans les infinitifs du premier (*er*) groupe, ni dans les mots tels que *boucher* qui désignent un métier et se terminent en *er*, ni dans les mots en *ier* sauf *fier* et *hier*.

Le *F* ne se prononce pas dans *cerf, clef* et *chef* d'oeuvre.

Et le *L* est muet dans les mots: *fusil, gentil,* et *persil*.

Il y a en outre des cas où une consonne généralement muette se prononce:
Le *S* dans *as* (nom), *hélas, lis, mars, os* au singulier, *plus* quand il veut dire *davantage, tennis,* et *tous* employé comme pronom, et de plus en plus fréquemment dans *moeurs*, le *T* dans *dot*, et très souvent en *août*.

Pour les chiffres il y a encore des exceptions. Les consonnes finales se prononcent en *5, 6, 7, 8, 9, 10, 17, 18, 19* mais deviennent muettes s'il y a un nom qui suit qui commence par une consonne, excepté *7, 9, 17, 19.* Le *T* de *20* se prononce de *21* à *29* mais est muet de *81* à *99,* le *X* de *60* se prononce comme deux *S,* le *X* de *dix* comme un *Z* dans *18* et *19,* et il n'y a ni liaison ni élision devant *8* et *11.*

Encore des mots dont la consonne finale se prononce:

abrupt

album

autobus

biceps

bis

brut

but (facultatif)

cassis (mais pas la ville Cassis)

Christ (mais pas Jésus-Christ)

circonspect (facultatif, mais
  plutôt non)

coq

décorum

distinct (facultatif)

district (facultatif, mais plutôt non)

est (point cardinal)

exact (facultatif, mais plutôt oui)

fez

inexact (facultatif, mais plutôt oui)

Islam

laps

madras

mazout

oasis

ouest

ours

sens (nom)

sphinx

soit (adverbe)

sud

triceps

virus

vis (nom)

(b) *Des mots souvent malprononcés*

addenda	[a-din-da]
adéquat	[a-dé-koi]
agenda	[a-gin-da]
alcool	[al-kol]
archaïque	[ar-ka-ique]
archange	[ar-kange]
archétype	[ar-ké-type]
aspect	[as-pé]
balbutier	[bal-bu-si-é]

baril	[ba-ri]
Bengale	[bin-gal]
benjamin	[bin-ja-min]
benzine	[bin-zine]
bonneterie	[bon-tri]
brouhaha	[brou-a-a]
casino	[ka-zi-no]
catéchisme	[ka-te-shise-me]
cerf-volant	[ser-vo-lan]
chaos	[ka-o]
comptable	[con-ta-ble]
condamner	[con-da-ner]
convulsion	[con-vul-ssion]
demander	[de-man-dé]
demeurer	[de-m'heure-ré]
détritus	[dé-tri-tuss]
devant	[de-van]
diplomatie	[di-plo-ma-si]
dompter	[don-té]
dompteur	[don-teur]
dysenterie	[di-sen-tri]
enamourer	[an-na-mou-ré]
enivrant	[an-ni-vran]
enivrement	[an-ni-vre-men]
enivrer	[an-ni-vré]
enorgueillir	[an-nor-gueil-lir]
étudie	[é-tu-di]
exempt	[èg-zan]
facétie	[fa-cé-si]
facétieusement	[fa-cé-syeuse-men]
facétieux	[fa-cé-syeu]
faisan	[fe-zan]
faisant	[fe-zan]
faiseur	[fe-seur]
faon	[fan]
féerie	[fé-ri]
femme	[famme]
flirt	[fleurte]
geôle	[jôl]

innocent	[i-no-çan]
jaguar	[ja-gouar]
jungle	[jongl'] ou [jungl']
lumbago	[lon-ba-go]
nom	[non]
oscillation	[o-si-la-sion]
paon	[pan]
pays	[pé-i]
paysage	[pé-i-zage]
paysan	[pé-i-zan]
péripétie	[pé-ri-pé-si]
personne	[per-sonne]
port	[por]
pouls	[poû]
prompt	[pron]
puis	[pui]
puits	[pui]
pusillanime	[pu-zi-la-nime]
quasi	[ka-si]
référendum	[ré-fé-rin-dom]
respect	[rè-spè]
revolver	[ré-vol-vère]
sandwich	[san-douiche]
schéma	[ché-ma]
scintiller	[sin-ti-yé]
second	[se-gon]
cf. p. 77	
et p. 142	
shampoing	[chan-poin]
soûl	[sou]
succinct	[suke-cin]
surplus	[sur-plu]
suspect	[susse-pè]
tuyau	[tui-yo]
vermouth	[ver-moute]
veto	[vé-to]
wagon	[va-gon]
zinc	[zing] (petit bar)
zinc	[zink] (le métal lui-même)
zoo	[zo-o]

A NOTER:

1. La terminaison *tion* se prononce [syon].
2. Au pluriel, le *f* des mots *boeuf* et *oeuf* ne se prononce pas [un *beuf*, deux *beu*].
3. Au pluriel, le *s* du mot *os* ne se prononce pas comme au singulier.

J. Words with several meanings

It seems useful to identify a certain number of common words that trouble students because of multiple meanings. The list is obviously not exhaustive but suggestive of what can happen in French as well as in English. However, there is probably no word in French so abused as the English *nice*.

aller cf. p. 66 et p. 184

1. mener—Ce chemin *va* à Rome.
2. avoir comme destination—Nous *allons* au bord de la mer.
3. s'élever—Les prix *vont* jusqu'à 2.000 francs.
4. marcher—Ce train *va* très vite.
5. se porter—Elle *va* toujours fort bien, elle n'est jamais malade.
6. convenir—Cette robe lui *va* à merveille.
7. le futur proche—Nous *allons* terminer tout de suite.

comme

1. conjonction—indique la comparaison—fort *comme* un Turc; la manière—Les choses se sont passées *comme* je le souhaitais; la cause—*Comme* il devenait insupportable, je l'ai mis à la porte.
2. adverbe exclamatif—*Comme* vous êtes beau!
3. adverbe de comparaison—Il était *comme* figé.
4. préposition—Tours est très joli *comme* ville.

complexe

1. comme adjectif: ce qui contient plusieurs éléments différents—Ce garçon a un caractère fort *complexe.*
ce qui est difficile à analyser—Cette question si *complexe,* il faut l'examiner longtemps.

2. comme nom (m.): un ensemble d'industries—Le plus grand *complexe* automobile se trouve à Détroit.

association de sentiments—Il a un *complexe* d'infériorité.

demeurer, v.

1. habiter—Mes grands-parents *demeurent* chez nous.

2. rester—Il *demeure* toujours dans son petit coin sans se joindre à ses camarades.

devoir, v. cf. p. 45

1. être tenu de payer—Je vous *dois* 10 francs.

2. être obligé de faire—Je *dois* aller voir ma grand-mère.

3. indique la nécessité—On *doit* toujours être à l'heure.

4. indique l'intention—Il *doit* nous téléphoner avant de venir.

5. indique la probabilité—Il *doit* faire chaud en Afrique.

6. indique la supposition—Puisqu'il est absent il *doit* être malade.

A NOTER: #2, 3, 4, 5, 6 sont suivis d'un infinitif.

esprit, n.m.

1. âme—Le corps meurt, l'*esprit* survit. Cf. p. 66.

2. être imaginaire—Ce château est hanté par des *esprits*.

3. humour—Beaumarchais est connu pour son *esprit*.

4. sens profond—*De l'esprit des lois* indique ce que c'est que les gouvernements.

5. intelligence—Il s'en est tiré grâce à son *esprit*.

6. raison, intellect—Son *esprit* s'égare s'il trouve cela logique.

faire, v. cf. p. 60 et p. 79

1. créer—Dieu a *fait* le monde en six jours.

2. causer—Les avalanches ont *fait* beaucoup de dégâts.

3. accorder—*Faites*-moi le plaisir de vous asseoir.

4. opérer—Ce médicament *fait* des miracles.

5. accomplir—J'ai *fait* tous mes devoirs.

6. arranger—Il ne *fait* jamais son lit.

7. nettoyer—C'est ma mère qui *fait* chaque jour toutes les pièces de la maison.
8. simuler, se conduire—Il *fait* le sourd quand sa mère lui parle.
9. s'occuper de—Ce garçon n'a rien à *faire* aujourd'hui.
10. exercer—Il *fait* bien son métier.
11. égaler—Huit fois sept *font* cinquante-six.
12. prendre la forme—Oeil *fait* yeux au pluriel.
13. pratiquer—Il *fait* du tennis.
14. de l'atmosphère—Il *fait* chaud ici en été.
15. un passé récent—Il ne *fait* que d'arriver. Cf. p. 79
16. étudier—Il *fait* du français.

glace, n.f.

1. l'eau gelée—Il y a de la *glace* en hiver sur le lac.
2. miroir
3. vitre —Si tu veux fumer dans l'auto, descends la *glace*.
4. dessert (de la crême glacée)—la *glace* au chocolat

grâce, n.f.

1. agrément—Elle danse avec beaucoup de *grâce*.
2. faveur—Faites-moi la *grâce* de vous asseoir.
3. clémence—Le Président a accordé la *grâce* au criminel.
4. secours divin—Dieu lui a accordé sa *grâce*.
5. pitié—De *grâce*, dit le mendiant, donnez-moi quelques sous.

louer, v.

1. vanter le mérite—Mon professeur *loue* rarement mon travail.
2. retenir une place—Nous avons *loué* deux fauteuils pour l'Opéra.
3. engager—Nous allons *louer* une voiture chez Hertz.

manquer, v. cf. p. 63

1. faire défaut—Il *manque* de courage.
2. être absent—Aucun élève n'a *manqué* la classe.
3. se dérober à—Il *manque* à son devoir.
4. ne pas respecter—Le soldat a *manqué* à son capitaine.
5. faillir—Il a *manqué* de tomber.

6. ne pas avoir assez—Il me *manque* de l'argent.
7. négliger—Ne *manquez* pas de saluer les copains de ma part.
8. ne pas attraper—Il a *manqué* le train.
9. regretter l'absence—Mes amis me *manquent* quand je suis en pension.
N.B. Vous me *manquez* = je regrette que vous ne soyez pas ici (i.e. le contraire de la construction anglaise).

marque, n.f.
1. signe qui identifie—Peugeot est une *marque* d'automobile.
2. trace—Les coups de bâton qu'il a reçus ont laissé leurs *marques* sur son dos.
3. empreinte—Nous suivons les *marques* d'un gros animal à travers les champs.
4. trait distinctif—Ce roman porte la *marque* d'un très bon écrivain.
5. preuve—Il nous a donné plusieurs *marques* de son affection pour nous.

mettre, v.
1. placer—Il *met* des fleurs dans le vase.
2. ranger—Il *met* ses affaires en ordre.
3. faire entrer—Mon père m'a *mis* en pension.
4. poser sur le corps—Il *met* une chemise brune.
5. ajouter—Il faut *mettre* beaucoup de sel dans cette soupe.
6. user de—*Mettez* plus de soin dans votre travail.
7. consacrer, passer—Il a *mis* trois heures à faire le trajet.
8. supposer—*Mettons* que je sois dans mon tort.

part, n.f. cf. p. 87
1. portion—Chaque garçon a sa *part* de gâteau.
2. communication—Je vais vous faire *part* de ses intentions.
3. personne qui envoie—Ce paquet, c'est de la *part* de Mme Duval.
4. endroit—J'ai laissé mon parapluie quelque *part*.
5. interprétation—Il a pris la nouvelle en bonne *part*.
6. participation—Il a pris *part* à tous nos débats.

peine, n.f. cf. p. 88 et p. 119
1. tristesse—La maladie de sa fille est pour lui une grande peine.
2. difficulté—J'ai eu beaucoup de *peine* à faire le devoir.
3. punition—Le procureur a demandé au jury la *peine* de mort.

4. effort—Ce travail vaut la *peine* qu'on s'y consacre.
5. misère—Cette pauvre femme vit dans la *peine*.
6. très peu, presque pas—*à peine*. Il travaille *à peine*.

pièce, n.f. cf. p. 119
1. chacun (e)—Il vend ces pêches deux francs la *pièce*.
2. fragment—les *pièces* d'un moteur
3. objet considéré isolément—Il a acheté une belle *pièce* de venaison.
4. oeuvre de théâtre—Les *pièces* de Molière se jouent encore à bureaux fermés.
5. chambre—Nous avons un appartement de cinq *pièces*.
6. partie d'une collection—Les *pièces* qu'il a trouvées en Grèce sont d'une beauté incroyable.
7. monnaie—un billet d'un dollar, une *pièce* de vingt-cinq cents

place, n.f. cf. p. 119
1. espace—Il n'y a pas assez de *place* ici pour une armoire.
2. emploi—Cet homme cherche une *place* comme mécanicien.
3. rang—Il a gagné la troisième *place* au concours.
4. chaise, fauteuil—Les *places* dans cette salle ne sont pas numérotées.
5. partie d'une ville où débouchent plusieurs rues—La *place* de la Concorde est la plus vaste de Paris.

prendre, v.
1. saisir—Le voleur a *pris* son sac à main.
2. se décider à—J'ai *pris* mon parti de le faire.
3. gagner—Notre équipe a *pris* le dessus.
4. saisir par l'esprit—Il *prend* mal mes suggestions.
5. se munir de—*Prenez* votre chandail car il va faire frais.
6. surprendre—Je l'ai *pris* en train de fumer sa pipe.
7. attaquer—On a *pris* l'ennemi par derrière.

que
1. pronom relatif—La vitrine *que* vous regardez est bien belle.
2. pronom interrogatif—*Que* faites-vous ce soir?
3. conjonction pour introduire une proposition subordonnée—Je pense *que* vous comprenez maintenant.
4. conjonction qui sert dans les comparaisons—Il est plus grand *que* moi.

5. adverbe synonyme de *combien*—*Que* de fois ai-je fait ce même chemin!
6. négatif (ne...que) seulement—Je *ne* bois *que* de l'eau.

sauvage, adj. cf. p. 127
1. désert—un lieu *sauvage*
2. pas civilisé, contraire de *domestique*—un animal *sauvage*
3. rude, violent—une réponse *sauvage*
4. timide, misanthropique—une manière *sauvage*

tout
1. adjectif qui signifie chaque—Tout élève doit être à l'heure.
2. adjectif qui exprime la totalité—Il a couru *toute* la journée.
3. adverbe qui signifie *entièrement*—Il est *tout* rouge.
4. adverbe qui marque une restriction ou une opposition—*Tout* fatigué qu'il était il a néanmoins joué au tennis pendant des heures.
5. nom qui indique la totalité—Le *tout* est plus grand que la partie.
6. nom qui indique l'important—Le *tout* est de travailler.

K. Words that are hard to explain and to learn by the direct method

A teacher or student may very well know the meaning of a word but have trouble explaining it to anyone else in simple and specific enough terms so that the meaning is perfectly clear. A definition should avoid words as difficult as the one being explained, and we are all familiar with the one word definition which when looked up gives the original word.

The experienced "direct method" teacher has worked out special ways of handling special words. *Déjà*, for instance, can be troublesome. We ask a student to do something like open a window which has already been opened. When he protests, we excuse ourselves and admit "c'est *déjà* fait". We have not defined *déjà* at all, but we have communicated its meaning without recourse to English. Most words we can define, describe or illustrate quickly by a dreadful line drawing on the board that provokes sarcastic comments from the class, but in French. "Tous les moyens sont bons" is our feeling, and the time necessary is well spent, the effort stimulating and usually amusing for both teacher and student.

Both the time and the repetition are valuable to fix the word in the student's mind. The easy way of just giving the English meaning is a cheat in every sense—easy come easy go, and no one need make an effort, neither the teacher nor the student. You've heard about "easy fixin" food products that didn't sell because Mom got to feeling guilty about not putting out for her family. Well, using English doesn't sell well either, once the students are conditioned.

The words contained in this category are words we've found difficult to explain. The list is not exhaustive, but the problems here presented are typical. Many words remain difficult in spite of our best efforts. Good planning and preparation can help the teacher or student to define or explain words, but at times the teacher may have to resort to a picture to illustrate a difference, for example, between a beech and a willow. Such distinctions may not be all that important. For many of us today a tree is a tree. But make the effort, however frustrating at first, and eventually you'll be delighted by the results.

accabler, v.t.
bouleverser, tourmenter, choquer, submerger—
La mort de son fils a *accablé* la mère.
Accablé de travail, je ne pourrai vous accompagner au cinéma.

accueillir, v.t.
recevoir quelqu'un bien ou mal—
Quand je rentre à la maison après une longue absence mes parents m'*accueillent* à bras ouverts.
Si je ne fais pas mon devoir mon professeur m'*accueille* mal.

affaire, n.f.
transaction commerciale—
Acheter une maison est une bonne *affaire*.
ce qui concerne un individu—
L'heure à laquelle je me couche est mon *affaire*.
l'ensemble des activités commerciales—
Les *affaires* marchent mal pendant une crise économique.
vêtements, etc. personnels—
Ce garçon laisse ses *affaires* partout.

agir, v.i. cf. p. 65
faire quelque chose, s'occuper—
Ne te décourage pas; il faut *agir,* te remuer, sortir de cette situation.
se conduire, se comporter, se montrer—
Si Pierre *agit* en boy-scout, c'est qu'il en est un.

ail, n.m.
plante—
Le bulbe est employé pour assaisonner les salades, etc. Ce n'est pas un oignon. L'odeur en est très forte.
Les Italiens adorent l'*ail.*

ainsi, adv.
comme ça, de cette façon—
Je n'aime pas que vous parliez *ainsi.*
donc, par conséquent—
Ainsi, vous partez?

amarre, n.f.
cordage, grosse corde ou câble pour attacher un bateau au quai—
On dit que les rats montent à bord par les *amarres.*

âme, n.f.
élément spirituel de l'homme par opposition au corps—
Le Chrétien pense que l'*âme* est immortelle.
habitants—
C'est un bourg de 800 *âmes.*

à peine, adv. cf. p. 88
presque pas, très peu—
Ce garçon est paresseux; il travaille *à peine.*
A peine Marie est-elle sortie, qu'il s'est mis à pleuvoir.

attendre, v.t. cf. p. 60, p. 69, et p. 111
passer des minutes, des heures avant l'arrivée d'une personne ou d'une chose, avant le commencement ou la fin de quelque chose—
Les élèves *attendent* la fin de la classe avec impatience.

aubergine, n.f.
gros légume pourpre qu'on épluche et tranche pour le frire—
ça se mange surtout dans les pays méditerranéens.

aussitôt que, loc. conj. cf. p. 69
dès le moment, à partir du moment où
Nous partirons *aussitôt que* le film sera terminé.

autant, adv.
marque l'égalité, pas plus et pas moins—
J'aime *autant* Picasso qu'un peintre classique.
Un bon poisson coûte *autant* qu'un beau bifteck.

avoine, n.f.
céréale très estimée par les chevaux et par les enfants, qui la préfèrent
chaude—
Le cheval mange de l'*avoine* dans un sac attaché à son museau.

bénir, v.t.
prononcer la bénédiciton, appeler sur une personne ou une chose la
protection de Dieu—
Le curé a *béni* les jeunes mariés.
N.B. Il existe une autre forme du participe passé: *bénit,-e* pour indiquer
des choses consacrées par une cérémonie; l'eau *bénite*, pain *bénit*.

besoin, n.m.
nécessité, désir, envie, manque, pauvreté—
avoir *besoin* de quelque chose = en sentir la nécessité
J'ai *besoin* d'un crayon. = Il me faut un crayon.
avoir *besoin* de + infinitif = être dans la nécessité
J'ai *besoin* de manger. = Il faut que je mange.

boue, n.f.
mélange de terre et d'eau qui forme une matière visqueuse—
Quand il pleut, le chien laisse des traces de *boue* partout dans la maison.

bouleverser, v.t.
mettre sens dessus dessous, désoler—
Les voleurs ont tout *bouleversé* dans la maison.
La mauvaise nouvelle de la mort de son père a *bouleversé* l'enfant.

bout, n.m.

extrémité, morceau—
Il y a une porte au *bout* du corridor.
Une ligne infinie n'a pas de *bouts*.
J'ai mangé un *bout* de pain.

brouillard, n.m.

condition atmosphérique, surtout sur terre, qui limite sévèrement la visibilité—
Londres est connu pour ses *brouillards*.

brouiller, v.t.

mélanger de façon à ne plus rien reconnaître ou savoir—
Pour faire une omelette il faut *brouiller* les oeufs.
Ce mal de tête m'a *brouillé* les idées.

brume, n.f.

condition atmosphérique, plutôt sur mer, qui limite beaucoup la visibilité—
Le soleil dissipe les *brumes* du matin.

buisson, n.m.

végétation dense composé d'arbustes (arbres qui restent petits)
Dieu s'est montré à Moïse sous forme de *buisson* ardent.

casserole, n.f.

ustensile de cuisine dans lequel on met ce qu'on veut cuire—
Une *casserole* française est souvent en terre cuite ou en cuivre. Dans ce dernier cas la ménagère est obligée de la frotter. Elle est très fière du poli de ses *casseroles*.

cependant, conj.

marque une opposition: mais, pourtant, néanmoins—
L'océan est froid aujourd'hui, et *cependant* nous sommes à la mi-août.

chaque, adj. invariable cf. p. 71

toute chose, toute personne sans exception—

Chaque élève est assis à sa place = aucun élève n'est debout.
N.B. *Chaque* est toujours au singulier.

châtaigne, n.f. cf. p. 168 (marron)
fruit du châtaigner, arbre très répandu en Europe et en Amérique—
La *châtaigne* est rouge-brun, une couleur très distinctive dont le nom
est employé pour décrire une couleur de cheveux. La *châtaigne* est
bonne à manger surtout quand elle est grillée. En automne, il y a
des hommes qui vendent sous le nom de "marrons" des *châtaignes*
grillées dans la rue. Attention de ne pas vous brûler les mains!

châtaignier, n.m.
arbre dont le fruit rouge-brun est comestible lorsqu'il est cuit, bouilli ou
rôti—
L'arbre est très commun aux Etats-Unis. Il est rare de trouver un village
qui n'ait pas une rue qui porte le nom de cet arbre.

châtain, adj.
couleur rouge-brun—

chaumière, n.f.
petite maison rustique dont le toit est couvert de paille—

chêne, n.m.
arbre dont le bois a la réputation d'être très solide—

chou, n.m.
légume qui ressemble beaucoup à la laitue, mais dont les feuilles sont
moins tendres; bon à manger avec le corned-beef—
Jeannot Lapin adorait les *choux*.

chou à la crème—excellent gâteau de pâtisserie
Mon petit chou, mon petit chou—expression de tendresse

clou, n.m.
petit morceau de métal pointu à un bout, aplati à l'autre, qui sert

à attacher une chose à une autre—
Le plancher est fixé par des *clous*.
Pour jouer au golf on porte des chaussures à *clous*.

colombine, n.f.
femme habillée en clown, compagne de Pierrot

coquille, n.f. cf. p. 75
enveloppe dure qui couvre le corps de beaucoup de mollusques—
Lorsqu'on porte la *coquille* de la conque à son oreille on croit entendre
la mer.

d'après, loc. prép.
selon, à l'imitation de—
En général Picasso ne peint pas *d'après* la réalité.

d'autant, loc. adv.
dans la même proportion—
Si un patron augmente un employé, il ne s'ensuit pas qu'il augmente
d'autant ses autres employés.

d'autant plus, loc. adv.
surtout, raison additionnelle—
Impossible de sortir ce soir vu le travail que j'ai, *d'autant plus* que
j'attends un coup de téléphone important.

dehors, adv.
à l'extérieur—
Mets l'auto dans le garage; ne la laisse pas *dehors*.

déjà, adv.
avant le moment actuel—
(Le mot s'explique facilement lorsque le professeur demande à l'élève
de faire une chose accomplie, par exemple d'ouvrir une fenêtre ouverte;
l'élève proteste et on lui demande pardon en disant qu'en effet la
fenêtre est *déjà* ouverte.)

dentelle, n.f.
tissu léger et précieux dont la mariée se couvre la tête lors de son
mariage—
Une maison typique de la Nouvelle Angleterre avait autrefois des
rideaux de *dentelle* blanche.

depuis, cf. p. 31 et p. 51
prép.: à partir d'un moment donné—
J'étudie mon français *depuis* une heure = voilà une heure que j'étudie
mon français.
de cet endroit—
Juliette parlait à Roméo *depuis* son balcon.
adv.: à partir de ce moment—
J'ai eu une mauvaise note à mon dernier examen; je travaille plus
sérieusement *depuis*.

désormais, adv.
à partir de ce moment, à l'avenir —
L'enfant qui se brûle en jouant avec des allumettes fera *désormais*
plus attention.

dès que, loc. conj.
aussitôt que, du moment où, à partir du moment où, lorsque, quand,
pas avant et pas après —
Dès qu'il a vu l'agent il s'est mis à courir.

devenir, v. i.
se transformer, commencer à être ce qu'on n'était pas —
A force de trop manger on *devient* gros.
Un garçon *devient* un homme.

dévouement, n.m. cf. p. 77
sacrifice volontaire de soi-même en faveur d'un autre, d'une idée —
Le *dévouement* de cette femme pour sa famille est admirable.

donc, conj.
ainsi, par conséquent—
J'ai beaucoup de travail à faire ce soir, *donc* je compte rester à la maison.

drap, n.m.
chacune des deux pièces de linge entre lesquelles on se couche—
D'habitude les *draps* sont en coton et sont blancs.
Ma mère change les *draps* de mon lit chaque semaine.

échelon, n.m.
chacune des traverses d'une échelle, chacun des degrés successifs d'une
série—
Un capitaine de l'armée se trouve à un *échelon* plus élevé qu'un lieu-
tenant.
le dernier *échelon* = le point le plus haut ou le plus bas—
A l'école c'est le directeur ou le plus bête des élèves qui l'occupent.

écureuil, n.m.
petit mammifère grisâtre ou rougeâtre à la queue touffue qui habite
les arbres—(Il aime y cacher les noix pour la saison froide.)
Dans un parc, les *écureuils* viennent demander à manger.

élan, n.m.
enthousiasme, ardeur passionnée—
Les *élans* de son coeur le poussent vers la religion.

empêcher, v.t.
ne pas permettre, rendre impossible ou difficile à accomplir—
Il n'y a aucun obstacle légal qui *empêche* une femme de devenir prési-
dente des Etats-Unis.

engourdissement, n.m.
état d'immobilité et d'insensibilité relatives, torpeur, paresse—
Il est difficile de sortir de son *engourdissement* après un grand repas

ensuite, adv.
après, puis—
Elle s'est déshabillée et s'est baignée *ensuite*.

entraîner, v.t.
tirer, traîner avec soi—
Elle a voulu me pousser dans l'eau mais c'est moi qui l'y ai *entraînée*.
occasionner—
La crise *entraîne* la fermeture de nombreuses entreprises.
préparer à un sport—
Il *entraîne* les joueurs pour le match.

entreprendre, v.t.
se décider à faire quelque chose et commencer à le faire—
Mon père a *entrepris* de réparer notre auto.

entrepreneur, euse, n.
celui ou celle qui se charge de fournir quelque chose pour un client ou
le public; le chef d'une compagnie, surtout d'une compagnie qui fait
construire des bâtiments, etc.—
Barnum et Bailey étaient de grands *entrepreneurs.*

N.B. Le mot s'applique surtout aux bâtiments, aux travaux publics, et
n'existe que rarement au féminin.

épargner, v.t. cf. p. 78
réduire les dépenses, faire des économies, dispenser de, ne pas détruire—
Il nous faut *épargner* nos ressources à cause de cette inflation.
Le professeur demande à l'élève de lui *épargner* ses excuses.
Le bombardement de la ville n'a pas *épargné* les monuments historiques.

épopée, n.f.
long poème d'aventures historiques—
L'Iliade d'Homère est une *épopée.*

éprouver, v.t.
ressentir, connaître par l'expérience, supporter, essayer—
Il n'est pas rare qu'une personne *éprouve* de la jalousie.
Elle a *éprouvé* beaucoup de malheurs dans la vie.
Un pilote d'essai *éprouve* les qualités d'un nouvel avion.

espérer, v.t. cf. p. 52
aimer à croire que ce qu'on désire arrivera—
J'*espère* que notre équipe gagnera le match de football.
J'*espère* que vous allez bien.

essor, n.m.
l'effort de l'oiseau pour s'élancer dans l'air—
Au figuré, prendre son *essor* veut dire se servir de toute son énergie et
de toute sa volonté.

étaler, v.t.
déployer divers objets de façon qu'on puisse examiner chacun d'eux.
(Contraire de *entasser*.)—
Au bridge le mort *étale* ses cartes pour que les autres joueurs les voient.

étalage, n.m.
exposition de marchandises, endroit où sont exposées les marchandises—
J'ai vu un bel *étalage* de fruits au marché.

étourdi, e, adj. et n.
qui fait quelque chose sans réflexion, sans attention—
Marilyn Monroe a souvent joué le rôle de la blonde *étourdie.*

farine, n.f.
blé ou autre grain pulvérisé pour faire le pain, la pâtisserie, etc.—
Le pain français se fait avec de la belle *farine* blanche.

fier, fière, adj. cf. p. 15
qui a beaucoup de vanité, d'arrogance, qui a un sentiment de supériorité
sur les autres—
Cette dame est *fière* de son argent, de sa maison et de ses enfants.

fierté, n.f.
hauteur, arrogance, sentiment élevé de sa dignité—
La *fierté* de l'aristocrate espagnol est proverbiale.

flâner, v. i.
marcher çà et là sans se presser, en s'arrêtant souvent pour regarder,
marcher sans avoir de destination—
Le matin je vais directement de la maison à l'école; l'après-midi j'ai le
temps de *flâner* en rentrant.

flèche, n.f.
long morceau de bois dont un bout est pointu et l'autre muni de
plumes—
Guillaume Tell a envoyé une *flèche* dans une pomme posée sur la tête
de son fils.

foie, n.m. cf. p. 103
organe contenu dans l'abdomen qui sécrète la bile et régularise les divers
éléments du sang—
Le Français ne parle que de son *foie*.
Le pâté de *foie* gras est une spécialité française fort renommée. (Le *foie*
en question vient des oies.) cf. p. 170

foin, n.m.
herbe sèche destinée à nourrir les vaches, les chevaux, etc., en hiver—
On dit d'une chose difficile à faire que c'est chercher une aiguille dans
une botte de *foin*.

fois, n.f. cf. p. 79 et p. 103
indication de répétition employée avec un nombre: une fois, deux
fois, etc.
Le téléphone a sonné dix *fois*.
2 *fois* 2 = 4.

fougère, n.f.
plante verte dont les fleuristes se servent pour entourer les fleurs
coupées—
On voit beaucoup de *fougères* dans les forêts trop épaisses pour que le
soleil puisse y pénétrer.

gâteau, n.m.
grande pâtisserie qui est souvent ronde et qui peut servir plusieurs
personnes—
Les enfants aiment surtout les *gâteaux* au chocolat.
En Amérique, on offre toujours aux enfants un gâteau d'anniversaire.
N.B. *gâteau sec*—biscuit, macaron, etc., petit gâteau qu'on conserve en
boîte, et vendu au poids.

geindre, v.i. cf. p. 46
pousser un petit cri plaintif, gémir—
L'enfant tombé se relève en *geignant*.

gilet, n.m.
vêtement sans manches porté sous le veston, souvent de la même
étoffe—
C'est surtout l'homme d'affaires qui porte le *gilet*.

glisser, v.i.
se déplacer d'un mouvement continu après un effort initial: *glisser* sur une peau de banane, sur la glace, sur le pavé mouillé—
L'huile diminue le frottement et permet au piston de *glisser* dans le cylindre.

glisser, v.t.
introduire un objet dans ou sous un autre: *glisser* une lettre sous la porte; se *glisser* dans son lit

gonfler, v.t.
distendre dans tous les sens en vertu d'une cause intérieure: *gonfler* un ballon ou un pneu—
Une personne qui mange continuellement se *gonfle* l'estomac.
Si l'on *gonfle* trop un pneu, il éclate.

goudron, n.m.
substance noirâtre et visqueuse comme l'asphalte—

gras, grasse, adj.
qui est formé de graisse, comme le beurre—
Le porc et le lard sont *gras*.
L'huile est une matière *grasse*.

gravure, n.f.
image—
Il y a beaucoup de *gravures* dans le Petit Larousse pour illustrer les définitions des mots qui s'y trouvent.

grogner, v. i.
onomatopée qui suggère le cri du cochon, du porc—(Ainsi, lorsqu'il s'agit d'une personne, c'est faire un bruit qui marque la désapprobation.)
Les élèves *grognent* quand le professeur annonce une interrogation.

gronder, v.t.
réprimander, faire un bruit de menace, un bruit long et continu—
Un père *gronde* son fils parce qu'il a cassé une fenêtre.
Les canons *grondent* au front.
Le tonnerre *gronde,* c'est l'orage.

guetter, v.i.
regarder secrètement, attendre pour surprendre—
Le jaguar couché sur une branche *guette* le passage de sa victime.

habile, adj.
qui sait faire avec facilité et bien faire—
Si le matador n'est pas *habile*...

hectare, n.m.
dix mille mètres carrés—
100 *hectares* = 1 kilomètre carré.
L'*hectare* = 2½ acres, (environ).
N.B. Le mot anglais *acre* est d'origine anglo-normande.

hélice, n.f.
pièce qui à l'avant d'un avion sert à sa propulsion en tournant rapidement—
C'est le moteur de l'avion qui fait tourner l'*hélice*, l'*hélice* d'un navire, d'une torpille.
Aujourd'hui les avions à réaction sont en train de remplacer ceux à *hélice*.

hirondelle, n.f.
oiseau dont la queue est fourchue—(Elle fait souvent son nid dans une grange ou un autre bâtiment de la ferme.)
Il y a un proverbe français qui dit: "Une *hirondelle* ne fait pas le printemps."

honte, n.f. cf. p. 133
humiliation, perte d'honneur, d'estime, sentiment d'humiliation—
J'ai *honte* de mon zéro à l'examen.

houille, n.f. cf. p. 133
le charbon, l'anthracite—
L'énergie de la *houille* est transformée en électricité.
la *houille blanche* = l'énergie produite par des usines hydro-électriques.

huître, n.f.
mollusque comestible, la source des perles—
Une *huître* qui a une indigestion forme une perle.

inquiet, -ète, adj.
qui est troublé, agité, incertain, craintif—
Une mère est *inquiète* lorsque son enfant est malade.

interdit, adj.
qui n'est pas permis, qui est incapable de parler tant sa surprise est grande—

Il est *interdit* de fumer la marijuana aux Etats-Unis.
La mère est restée *interdite* lorsque son fils lui a avoué qu'il fumait la marijuana.

jaillir, v.i.
sortir vivement, en parlant d'un liquide ou d'un gaz—
L'eau *jaillit* d'une fontaine.
Le sang *jaillit* d'une artère coupée.

jusque, prép.
indique une continuation que ne dépasse pas un certain moment ou lieu—J'ai travaillé *jusqu*'à onze heures (je n'ai pas travaillé après onze heures).
J'ai voyagé *jusqu*'à Paris (je ne suis pas allé plus loin que Paris).

lutte, n.f.
combat entre deux personnes—
(Au figuré: dispute, controverse, conflit.)

malin, maligne, adj.
qui a tendance à dire ou à faire des choses malicieuses, fin, rusé, cancéreux—
Une tumeur *maligne*.
C'est très *malin* de sa part (au sujet d'un élève qui se trouve malade le jour d'une grande épreuve pour laquelle il n'a pas travaillé).

malgré, prép.
marque une opposition—
Il pleut mais je sortirai=je sortirai *malgré* la pluie.
Ma mère ne veut pas que je sorte mais je sortirai=je sortirai *malgré* ma mère.

maquis, n.m.

végétation basse et dense—(Les résistants à l'occupation allemande au cours de la Seconde Guerre mondiale s'appelaient les Maquisards parce qu'ils se cachaient dans les terrains sauvages loin des routes et des villes.) faire du camping dans le *maquis*, se cacher dans le *maquis*

marais, n.m.

région, terrain couvert d'eau stagnante qui peut être profonde— En Floride, les crocodiles disparaissent en partie parce qu'il y a de moins en moins de *marais*.

marécage, n.m.

terrain humide et parfois submergé— Les alligators aiment les *marécages*.

marron, n.m. cf. p. 158 (châtaigne)

fruit rouge-brun du châtaignier qui grillé est très bon à manger, une couleur— Elle porte une robe *marron*. Tirer ses *marrons* du feu.

marronnier, n.m.

arbre de la même famille que le châtaignier mais dont le fruit est plus grand que le marron et non comestible— Le *marronnier* a de jolies fleurs au printemps. Les *marronniers* le long des rues de Paris sont fameux.

mercerie, n.f.

boutique où l'on vend tout ce qui est nécessaire pour coudre: épingles, aiguilles, ciseaux, fil à coudre, etc.— Ma mère achète des boutons à la *mercerie*.

mesquin, e-, adj.

qui n'est pas généreux, qui est petit et pauvre plutôt que grand et noble— un geste *mesquin*, une affaire *mesquine*

moisson, n.f.
récolte, la production de la terre—
Les Pèlerins ont célébré une bonne *moisson* en servant à leurs invités une grande variété de bonnes choses à manger, y compris de la dinde, ce qui est devenue traditionnelle.

mouche, n.f.
insecte le plus commun qui infeste la maison, etc.—
Les chevaux et les vaches sont tourmentés par les *mouches*.

mousseux, -euse, adj. cf. p. 85
qui forme de la mousse, par exemple de la bière versée très vite—
Le cidre français et le champagne sont *mousseux*.

moyen, moyenne, adj.
ce qui est entre les deux extrémités, ordinaire, médiocre—
Ce garçon est un élève *moyen*, ni bon ni mauvais.

moyen, n.m.
façon, méthode, manière, comment—
Le train est un *moyen* de transport.
Les Communistes pensent que la fin justifie les *moyens*.
route à suivre, voie—
Quel est le *moyen* de devenir riche? de sortir d'ici?
N.B. Au pluriel les *moyens* = ressources pécuniaires
Un étudiant qui n'a pas les *moyens* de payer son éducation peut demander une bourse.

néanmoins, adv.
marque une contradiction, pourtant, cependant, toutefois—
Ce garçon étudie, *néanmoins* il ne réussit pas aux examens.

ne . . . plus, nég.
marque la fin d'une action ou d'une situation—
Après avoir mangé, je *n*'ai *plus* faim.
Ce garçon *ne* travaille *plus* parce qu'il est découragé.

ne…point, nég. cf. p. 139
ne pas du tout—
Je *n*'ai *point* de talent pour la musique = je n'ai aucun talent, etc.

oie, n.f. cf. p. 164
grand oiseau domestique élevé pour son foie dont on fait le pâté de
foie gras; il existe aussi plusieurs espèces sauvages, les oies canadiennes,
etc.—
Les petits enfants adorent *les Contes de ma mère l'oye.*
Les soldats de Hitler marchaient au *pas de l'oie.*

or, conj. cf. p. 105
par contre, en contradiction—
La météo a prédit le beau temps; or, il pleut.
introduit un nouvel élément d'un raisonnement—
Les poissons ont des branchies; or la baleine n'a pas de branchies, et
elle n'est donc pas un poisson.

orge, n.f.
céréale employée surtout dans la fabrication de la bière—
(On en fait aussi une soupe.)

orgueil, n.m.
vanité, sentiment exalté de sa propre importance—
Les Américains reprochaient surtout à Charles de Gaulle son *orgueil.*

orgueilleux, -se, adj.
qui a une fierté excessive; prétentieux, vaniteux
Etre *orgueilleux* comme un paon.

oser, v.t.
avoir le courage, l'audace, la témérité—
Je n'*ose* pas dire à mes parents que j'ai mal fait à l'examen.
Il a *osé* se défendre contre toute une bande de voleurs.
quelque fois = avoir l'insolence de—
Ils *ont osé* insulter un vieillard.

outre que, loc. conj.
en addition—
Outre que l'élève est paresseux, il est stupide=l'élève est paresseux et
stupide.

parcourir, v.t.
aller partout dans une ville, dans un magasin, dans un pays; lire rapide-
ment—
J'ai *parcouru* les magasins pour trouver un cadeau de Noël pour
Maman.
Il a *parcouru* le texte sans vraiment l'étudier.

pareil, -eille, adj.
identique, semblable, qui se ressemble exactement, de cette sorte,
tel—
Leur auto est *pareille* à la nôtre: même couleur, même moteur.
Le professeur n'a jamais entendu une excuse *pareille*.

paysage, n.m.
vue, site, panorama à la campagne, territoire qui présente un seul
aspect—
Quand on pense à la Suisse on imagine un *paysage* montagneux.

penaud, -e, adj.
embarrassé, silencieux—
L'enfant que le professeur corrige baisse la tête et reste *penaud*.

Pierrot, n.m.
personnage traditionnel des pantomines, sorte de clown au visage
enfariné—

plaisanter, v.i.
dire ou faire une chose pour amuser, faire rire, ne pas parler sérieusement—
v.t.: s'amuser aux dépens de quelqu'un mais sans être méchant—
plaisanter un ami
nom: *plaisanterie*, f.

plissé, adj.
que est formé de rides—
Les rideaux sont *plissés*.
On peut faire un avion de papier *plissé*.
verbe: *plisser*
nom: *pli*, m.

poids, n.m.
lourdeur, pesanteur mesurée, évaluée,comparée;
morceau de métal d'une lourdeur déterminée, employé pour
peser—
Le *poids* de ce rocher serait de cinq tonnes.

poireau, n.m.
légume qui ressemble beaucoup au jeune oignon et dont on fait la
soupe aux *poireaux*—

pourtant, conj.
marque une opposition: mais, cependant, néanmoins—
Il est minuit, *pourtant* je ne suis pas fatigué.

pré, n.m. cf. p. 106
petite prairie—
Les vaches broutent l'herbe du *pré*.

profond, -e, adj.
dont le fond est loin de la surface—
un trou *profond,* un regard *profond*
Le Pacifique est plus *profond* que l'Atlantique.

bas fond ≠ haut fond
un *bas fond* est une eau assez profonde pour naviguer;
un *haut fond* ne l'est pas

proie, n.f.
victime d'un animal carnivore—
Le zèbre est souvent la *proie* du lion.
au figuré: Jeanne d'Arc fut la *proie* des flammes ou la *proie* de
l'adversité.

puis, adv.
ensuite, après—
Pour faire une omelette, je casse des oeufs dans un bol, *puis* je les
fouette avec une fourchette, *puis* j'ajoute un peu de lait, *puis* du sel,
et du poivre, etc.

quant à, loc. prép. cf. p. 91
à l'égard de, en ce qui concerne ou touche quelqu'un ou quelque chose—
Allez au cinéma si vous avez le temps; *quant à* moi, je suis obligé de travailler.

quelconque, adj.
d'une sorte ou d'une autre, n'importe quel, médiocre—
Un élève en retard donne une excuse *quelconque.*
"Le film était bon? —Non, *quelconque.*"

quelque...que, adv. cf. p. 92
si— (rare, littéraire)
Quelque intelligent *que* vous soyez il vous faudra lire le livre pour réussir à l'examen.

quiconque, pron. rel. indéf.
toute personne qui, n'importe qui— (assez rare, et dangereux)
Je le sais mieux que *quiconque* (que personne).
Quiconque se perd à Paris peut s'adresser à un agent de police.

quoique, conj. cf. p. 92
qui marque une opposition ou une concession, bien que—
J'ai bien réussi à l'examen *quoiqu'* il ait été difficile.
Je suis toujours fatigué *quoique* j'aie bien dormi.

rein, n.m.
organe qui sécrète l'urine—
Les *reins* se trouvent de chaque côté de la colonne vertébrale.

ruisseler, v.i.
couler en minces filets d'eau—
Quand on a très chaud des gouttes de sueur se joignent et *ruissellent sur le* visage.
Lorsqu'on se coupe au doigt le sang *ruisselle.*
nom: *ruissellement,* m.

seoir, v.i.
convenir, aller bien—
La couleur de cette robe lui *sied* bien.
v. imp.
Il vous *sied* mal de critiquer vos parents.

soulagement, n.m.
ce qui rend plus supportable physiquement ou moralement; diminution
de sa peine, de ses problèmes, de ses responsabilités, etc.—
C'est un *soulagement* pour lui de pouvoir finalement payer ses dettes.

soulager, v.t.
conforter—
Quand j'ai mal à la tête deux cachets d'aspirines me *soulagent*.

spirituel, -elle, adj. cf. p. 127
fin, subtil, délicat, spontané, amusant, relatif à la religion—
On s'amuse toujours avec une personne *spirituelle*.
Une religieuse s'intéresse davantage à la vie *spirituelle* qu'à la vie mon-
daine.

taux, n.m.
proportion, pourcentage—
Mon père a emprunté de l'argent à la banque au *taux* de 8%.

tel, telle, adj.
pareil, semblable—
Le père ne veut pas que sa fille épouse un *tel* garçon (un garçon comme
lui).
Avec un *tel* ami qui a besoin d'ennemis!
Il y a une maxime qui dit "*tel* père, *tel* fils".
introduit un exemple—
J'aime les peintres italiens *tels* Vinci et Michelange.

tellement, adv.
marque d'intensité, si, à tel point que—
Ma mère est *tellement* gentille que je la crois une bonne fée.

beaucoup—
Il a *tellement* changé ces dernières années que je ne le reconnais plus.
N.B. *Si* et *tellement* sont suivis de *que* pour marquer une conséquence.
Il roulait *tellement* vite *qu'*il n'a a pu s'arrêter à temps.

ténébreux, se, adj.
contraire de *clair*, qui est d'une grande obscurité—
Une chambre *ténébreuse.*
Les motifs du crime sont *ténébreux.*
nom: les *ténèbres*, m. pl. cf. p. 24

tiraillement, n.m.
douleur qui vient de la contraction des muscles à l'intérieur du corps—
pl. désaccords, désunions.
verbe: *tirailler.*

tourbière, n.f.
sorte de marécage (endroit où il y a de l'eau stagnante)—
(Les paysans y coupent la *tourbe*, une matière végétale qui brûle plus
ou moins bien. La tourbe c'est le charbon des pauvres dans les pays
où elle existe.)

toutefois, adv.
marque une opposition: cependant, mais, néanmoins—
Il ne fait pas beau, *toutefois* je sors faire une promenade.

tranchant, -e, adj.
qui coupe, qui brusque, qui brutalise, qui fait mal—
Il a répondu d'un ton *tranchant.*

Elle m'a envoyé un regard *tranchant.*
verbe: *trancher* veut dire *couper.*
nom: *tranche*, f.
On sert la viande en *tranches.*

tranchant, n.m.
partie du couteau, du sabre, etc. qui coupe—

tricoter, v.t.
faire un vêtement de laine en se servant de longues aiguilles spéciales—
Ma mère m'a *tricoté* un beau sweater.
nom: *tricot*, m.

tuile, n.f.
fabriquées en terre cuite, comme la brique, les *tuiles* sont employées pour couvrir un toit—
A Paris, le jardin des Tuileries se trouve sur l'emplacement d'une vieille fabrique de *tuiles*.
On emploie les *tuiles* surtout dans les pays ensoleillés, le Midi de la France, l'Italie, la Californie, etc.

usine, n.f.
grand bâtiment où l'on emploie des machines pour fabriquer un nombre d'objets et de produits—
Les *usines* Citroën fabriquent un grand nombre de voitures par jour.

valoir, v.i.
être d'un certain prix—
Cette auto *vaut* deux mille dollars.
mériter—
Montez donc les tours de Notre Dame. Le spectacle en *vaut* l'effort.
avoir l'importance de, tenir lieu de—
Ce joueur à lui seul *vaut* tous les autres.
v. imp.:
Il *vaut* mieux=il est préférable, il est plus avantageux. cf. p. 180

(a) Some high-frequency idiomatic expressions

At the end we have added a few idiomatic expressions of great frequency which also appear to cause much confusion, no matter how many times they appear. We have kept the list short purposely, but we hope very pertinent.

A bâtons rompus cf p. 180: tantôt...tantôt, d'une façon irrégulière—
Ce garçon ne travaille qu'*à bâtons rompus,* ce qui explique ses notes moyennes.

A cela près: à cette seule exception, à part ça—
Son nez est trop long mais *à cela près* elle est jolie.

A force de: par conséquent, par des efforts répétés—
C'est *à force de* parler une langue qu'on l'apprend = C'est en parlant
une langue qu'on l'apprend.

A la dérobée cf. p. 114: sans que personne ne s'en aperçoive ou le sache,
en cachette, clandestinement—
Il est défendu de fumer à l'école, mais on le fait *à la dérobée.*

A partir de: en commençant à ce moment, en commençant à cet
endroit—
*A partir d'*aujourd'hui, les élèves ne sont plus obligés de porter une
cravate en classe.
A partir du sommet de la colline le chemin est plus facile.

A qui mieux mieux: chacun de son mieux (souvent d'une façon
indigne)—
Quand le professeur leur tournait le dos les élèves se moquaient de lui
à qui mieux mieux.

Aller au-devant de: aller à la rencontre de—
Nous sommes *allés au-devant de* nos amis qui arrivaient.

Aller de mal en pis: exprime l'idée que le sujet dont il est question
devient plus grave, plus difficile à corriger, de plus en plus mal—
Le pessimiste est toujours convaincu que tout *va de mal en pis.*

S'attendre à cf. p. 69: compter sur, ne pas être surpris—
Je *m'attends à* une bonne note à cette épreuve.
Le petit chat s'est fait écraser sur la route? Je *m'y attendais,* avec toutes ces
voitures.

Avoir beau: faire un effort en vain, faire quelque chose inutilement—
Elle *a beau* étudier, elle ne réussit pas aux examens.
Vous *avez beau* sonner, il n'y a personne dans la maison.

Ça y est: c'est fait! c'est ça! fini! succès!—
"*Ça y est,*" a crié le savant, "j'ai trouvé la formule.

Se douter de cf. p. 77: penser, deviner—
—Sais-tu qu'il est parti hier ?
—Je *m'en doutais,* car je l'ai vu faire des valises.

S'en prendre à cf. p. 91: tenir responsable, blâmer—
Si vous échouez, vous ne devez *vous en prendre* qu'*à* vous.
N.B. On s'en prend à une *personne*, jamais à une *chose*.

En revanche: par contraste, en compensation—
Il n'est pas très travailleur, *en revanche* il est fort intelligent et réussit bien à ses études.

S'en tirer: sortir d'une mauvaise situation, se débrouiller (le *en* remplace *d'affaire*)—
Il n'a pas appris sa leçon mais il *s'en* est *tiré* grâce à son intelligence.

En venir à: aboutir à, finir par—
Les époux *en viendront au* divorce s'ils continuent à se disputer ainsi.

En vouloir à: garder rancune, ne pas pardonner—
Marie *m'en veut* parce qu'elle m'a entendu dire que je n'aime pas sa façon de flirter avec le premier venu.

Faillir (suivi d'un infinitif): manquer de, presque faire—
J'ai *failli* tomber mais j'ai pu retrouver mon équilibre.
J'ai *failli* manquer le train; nous sommes arrivés juste au moment où l'on fermait les barrières.

Faute de: parce que quelque chose manque—
*Faute d'*argent, je ne peux pas voyager.
"Et le combat cessa, *faute de* combattants."

Se garder de: se méfier de, ne pas se permettre, éviter, se préserver, faire attention à ne pas—

Il faut *se garder de* trop manger.
Il *se garde d'*imiter les imbéciles car il veut réussir dans la vie.

Grâce à: par l'action de, à l'aide de, par l'intervention de—
Il pleuvait à force mais je ne me suis pas mouillé *grâce à* mon imperméable.

Il y va de . . . .: être question de la vie ou de l'honneur de quelqu'un —
Ne répète à personne ce que tu as entendu, *il y va de* la réputation de la famille.

L'échapper belle: éviter un danger mais de peu—
1er élève—Une seconde de plus et le prof t'aurait vu.
2ème élève—Oui, je *l'ai échappé belle.*
Marie—J'ai failli tomber dans l'escalier, mais j'ai pu saisir la rampe.
Hélène—Tu as eu de la chance. Tu *l'as échappé belle.*

L'emporter sur: gagner (le *l'* remplace le mot *victoire* sous-entendu)—
Notre équipe *l'emportera* sur celle du collège voisin.

N'en pouvoir plus: être à bout de forces, éreinté—
J'ai couru toute la journée, maintenant je *n'en peux plus*: il faut que je me
repose.

Se passer de cf. p. 88: renoncer, vivre sans quelque chose—
Quand je n'ai pas de cigarettes je *m'en passe* bien.
L'homme ne peut pas *se passer de* boire.

Se plaindre de, v. pr. cf. p. 89:
Si le devoir est trop long ou difficile les élèves *s'en plaignent.*

Se prendre à cf. p. 91: se mettre à, commencer (littéraire)—
Jeanne d'Arc était une simple bergère, mais un jour elle *s'est prise à* voir et
à écouter ses saints.

Prendre quelqu'un en grippe: trouver que quelqu'un est antipathique,
ressentir une aversion pour quelqu'un—
Il y a des professeurs qui *prennent en grippe* les élèves aux cheveux
longs.

Prendre son parti: se décider, se résigner à—
Quand ses parents lui ont refusé une auto il en *a pris son parti.*

Quand même: malgré tout, néanmoins, cependant—
Il est sale, mal habillé, crasseux, mais c'est mon fils et je l'aime *quand
même.*

Savoir à quoi s'en tenir: pouvoir compter sur quelque chose, avoir en
main tous les éléments divers d'une situation, s'attendre à—
La prochaine fois que je passerai un de ses examens, je *saurai à quoi
m'en tenir.*

Tant pis…tant mieux: deux expressions dont la première indique la résignation et la seconde la satisfaction—
Ils ne viendront que ce soir. *Tant pis!*
Ils viendront ce soir. *Tant mieux!*
Elle n'aime plus Georges. *Tant pis* pour lui et *tant mieux* pour elle.

Tantôt . . . tantôt cf. p. 176: répétition qui exprime l'alternance—
Tantôt la classe est intéressante, *tantôt* elle ne l'est pas!

Valoir mieux cf. p. 176: être plus digne, être préférable—
Il *vaut mieux* admettre que l'on ne sait pas une chose que de feindre un savoir que l'on n'a pas.
N.B. Il faut dire *valoir mieux* et non pas "falloir" mieux comme le veulent certains élèves.

L. Genders

One can make a few observations about gender that may help the student, but it is a thorny matter at best. The French themselves make mistakes, including well-known writers who presumably should know better, and their editors, too. Gender does not always follow logic, nor does it always depend on Latin. It is not uncommon for Latin words to change gender in their French derivatives. And if you have studied Latin you will recall your puzzlement over words like *poeta* and *agricola.*

Noms toujours du masculin:
1. Les monosyllabiques se terminant en *ain*
   le bain, le pain
   exception: *la main*
2. Ceux en *ou, et, eau*
   le chou, le jet, le tableau
   exceptions: *l'eau* (f.), *la peau*
3. Les infinitifs employés comme noms
   le parler, le savoir faire
4. Les jours de la semaine, les mois, les saisons
5. La grande majorité des mots pris à l'anglais cf. p. 134
6. Les noms de pays qui ne se terminent pas en *e* cf. p. 197

Noms toujours du féminin:
1. **Ceux qui se terminent en *sion* et *tion***
   la lésion, la nation
2. **La plupart de ceux qui se terminent en *ée***
   la cueillerée, la montée
   quelques exceptions: *un athée, un apogée, le camée, le colisée, le lycée, le mausolée, le musée, le rez-de-chaussée, le trophée*
3. **Ceux qui se terminent en *ette***
4. **Les noms des pays qui se terminent en *e***
   exceptions: *le Mexique, le Maine* (E.U.A.) cf. p. 197

Quelques erreurs fréquentes de genre:

sont masculins	sont féminins
un antidote	une acné
un après-midi	une algèbre
un armistice	une amnestie
un asphalte	une anagramme
un astérisque	une armoire
un augure	une atmosphère
un automne	une écritoire
un élastique	une équivoque
un épilogue	une idole
un épisode	
un hémisphère	une impasse
un incendie	une interview
un intervalle	une moitié
un midi	une moustiquaire
un obélisque	une oasis
un ouvrage	une optique
un pétale	une orbite
un poulpe	une paroi
un tentacule	une tribu
un termite	
un tubercule	

14 ∎ A Pot Pourri of Grands Pièges

After dividing the pitfalls into categories corresponding to the various parts of speech—nouns, verbs, etc.—we found there were several remaining which did not seem somehow to fit into any of these, either because of their peculiar importance or because they are a bit out of the ordinary. Here they are, all troublesome, all important. Keep referring to them, especially before examinations. Most searching tests contain questions on several, if not all. If these are letter perfect, you are well on your road to mastery of the elements of the language.

A. L'accord du participe passé cf. p. 139

1. Les participes passés des verbes qui se conjuguent avec *avoir* restent invariables sauf dans le cas où un objet direct, nom ou pronom, précède le verbe (fréquent dans les propositions relatives).

2. Les participes passés des verbes qui se conjuguent avec *être* s'accordent sans exception avec le sujet.

3. Les verbes pronominaux et réfléchis combinent ces deux situations: auxiliare *être*, accord *avoir*:

A NOTER: le pronom réfléchi peut être indirect aussi bien que direct.
ils *se* sont *vus*. (direct)
ils *se* sont *donné* la main. (indirect)
ou ils *se* sont *parlé*. (indirect)

4. Il est intéressant de noter que les Français font pas mal de fautes ici. A noter en particulier:

a. Le langage parlé ne peut distinguer entre *allé, allée, allés, allées.*
b. Les grammairiens ont écrit des livres entiers au sujet de l'accord du participe passé.
c. L'usage actuel, surtout dans la langue parlée, semble moins pointilleux sur cet accord que dans le passé.
d. Le français écrit exige toujours les accords signalés, sauf que nombre de Français ne font pas les accords en écrivant à un ami.
e. L'accord du participe passé n'a pas toujours effrayé les petits Français —c'est une invention des grammairiens du XVIIe siècle, lesquels n'avaient rien de mieux à faire.

B. Ce ou il ?

1. Avec le verbe *être* employez *ce* comme sujet s'il y a un nom, un pronom ou un superlatif après:

*C'*est Jean.

*C'*est moi.

*C'*est le plus beau livre de* la collection.

*A remarquer: *de* remplace généralment *à* ou *dans* après un superlatif.

2. Mais avec un adjectif, quand le sujet est personnel, on se sert de *il, elle,* etc.

Il est grand.

Dans ce cas un nom de nationalité, de profession, de religion, etc. a la force d'un adjectif. Il n'y a ni majuscule, ni article:

Il est docteur.—*Elle* est française.

mais:

*C'*est un docteur excellent.

*C'*est une Française charmante.

N.B. Il est bon de noter l'importance de l'article indéfini dans cette question. Là où il y a l'article indéfini il y aura un *ce.* Il est français. C'est un Français.

C. Aller cf. p. 66 et p. 148

Attention en employant le verbe *aller* qui exige un complément quelconque, soit un infinitif, soit une locution prépositive, soit le pronom *y*. Il n'est pas possible de se servir d'un *aller* tout seul. Si une destination n'est pas indiquée, utilisez *s'en aller* ou *partir*.

>   Je vais partir.
>   Je vais à la bibliothèque.
>   J'y vais.

Mais:

>   Je m'en vais (je pars) maintenant.

Bien entendu cette règle ne s'impose pas quand il s'agit de la santé:

>   Je vais bien, merci.

D. Participe présent cf. p. 54

Le participe présent sans préposition se rapporte au mot le plus proche.

Qui est la jolie blonde montant à bicyclette?

Avec la préposition *en* il se rapporte au sujet.

J'ai regardé la jolie blonde en montant à bicyclette.

N.B. Le mot *tout* sert seulement à renforcer l'action ou à souligner sa simultanéité.

Tout en écoutant la radio j'ai fait mes devoirs.

E. Les noms (le, partitif)

On peut diviser l'emploi des noms communs en trois catégories— sens précis, sens général, sens partitif. Pour les deux premiers on emploie l'article défini:

Les livres que tu m'as donnés sont bons.

Les livres coûtent de plus en plus cher.

Mais le partitif—je vais acheter *des* livres pour les malades—s'exprime d'ordinaire par la préposition *de* et l'article défini. Mais, dans certains cas, on emploie *de* tout seul.

a.   Quand la phrase est à la forme négative: Je ne veux pas *de* livres.

b. Quand le nom est au pluriel et précédé d'un adjectif: Donnez-moi *de* beaux livres.

Lorsqu'on peut considérer que l'adjectif a perdu sa force et fait réellement partie d'un nom composé, le partitif garde sa forme et ne se change pas en *de*.

Voilà *des* jeunes filles.

J'ai mangé *des* petits pois.

c. Après une expression de quantité—

Donnez-moi beaucoup *de* livres.

Mais, *la plupart* et *bien* exigent l'article défini:

La plupart *des* livres sont arrivés.

Bien *des* livres sont mal imprimés.

d. Après les expressions qui exigent la préposition *de*:

Je peux me passer *de* livres (ou *des* livres).

e. Et avec ni . . . ni on n'emploie rien cf. p. 57 et p. 188

Je *n'*ai *ni* livres *ni* cahiers.

F. Soi ou lui ?

En général *soi* renvoie à un sujet indéfini, et *lui* à un sujet déterminé.

Chacun pour *soi*.

Il faut rester chez *soi*.

Il est difficile de voir quand quelqu'un est assis devant *soi*.

Henri regardait devant *lui*.

Jeanne pense surtout à *elle*-même.

N.B. En parlant des choses, on se sert normalement de *lui, elle, eux, elles*.

L'ancre est tombée à l'eau en entraînant beaucoup de chaîne avec *elle*.

Pourtant *soi* est possible avec un sujet déterminé au masculin singulier:

Le cigare s'est éteint de *soi*-même.

G. But et résultat

cf. p. 31, p. 55 et p. 88

Pour exprimer le but on emploie les prépositions *pour* et *afin de* suivies de l'infinitif ou les conjonctions *pour que, afin que, de sorte que, de façon que* suivies du subjonctif:

J'écris à mon père *pour (afin de)* lui souhaiter un heureux anniversaire. J'écris à mon père *pour qu' (afin qu', de sorte qu', de façon qu')* il *sache* que je suis en bonne santé.

Pour exprimer le résultat on emploie les conjonctions *de sorte que* et *Si bien que* suivies de l'indicatif:

Le garçon n'a pas étudié *de sorte qu' (si bien qu')* il *a échoué* à l'examen.

H. Les titres

Il y a plusieurs choses à signaler au sujet des titres:

1. L'article défini s'emploie devant un titre de personne à moins qu'on ne lui parle directement:
   Le docteur Lebrun est à l'hôpital.
   Bonjour, Docteur.

2. L'accord du verbe et de l'adjectif se fait en général dans les titres d'ouvrage. Le professeur dit que *les Misérables sont* un chef d'oeuvre de la langue française. *La Porte étroite* ne *serait* pas *intéressante* en deuxième année de français.
   N.B. Quand le titre est formé de plusieurs noms coördonnés par *et* ou par *ou*, l'accord se fait avec le premier nom.
   Paul et Virginie est un livre romantique.
   Maigret et les braves gens est un roman policier.

3. La contraction de l'article se fait devant un titre à moins que celui-ci ne soit long:
   Nous devons faire la critique du *Rouge et le Noir,* des *Faux-Monnayeurs,* des *Silences de la mer,* du *Malade imaginaire,* etc.

4. La majuscule dans les titres:
   a. devant le premier nom:
      Guerre et paix—la Cantatrice chauve—Journal d'un curé de campagne—Naufragé volontaire
   b. à l'adjectif aussi lorsqu'il vient devant le nom:
      les Bas Fonds
   c. à l'article défini seulement si le titre est une proposition:
      La guerre de Troie n'aura pas lieu—Les jeux sont faits

d. Au premier mot seulement s'il n'est ni article défini ni adjectif:
Si le grain ne meurt—A la recherche du temps perdu—En attendant Godot

N.B. Nous n'avons pas dit tout ce qu'il faudrait à ce sujet. L'imprimeur semble faire à son gré quand il imprime le titre sur un livre. Par exemple, il n'écrirait pas *"le Balcon"*, mais *Le Balcon*, ou bien encore *LE BALCON*.

I. Les articles

Quelques pièges à noter:

1. Ne confondez pas *le*, article défini, avec *le*, pronom complément d'objet direct. Le pronom ne fait jamais la contraction avec les prépositions *à* et *de:* i.e., *à + le = au* seulement quand *le* ou *les* est article défini.
Je pense à *le* manger ce soir.
Je pense *au* gâteau que j'ai reçu.
Je suis content de *le* voir travailler.
Je suis content *du* travail qu'il a fait.

2. Il faut toujours répéter un article (ou mot semblable) qui se rapporte à plus d'un nom:
Le thé et *le* café sont des boissons.
Mon père et *mon* oncle sont à table.
Mais on ne doit pas répéter l'article devant les noms qui forment une expression considérée comme un tout.
le maître et seigneur
les frères et soeurs
les allées et venues.
Il faut noter que dans de tels cas les noms doivent être du même genre s'ils sont employés au singulier.
Et il faut noter aussi que si les noms sont qualifiés par un adjectif il est d'usage de répéter l'article.
Le linge propre et *le* linge sale
L'histoire ancienne et *l'*histoire moderne.

3. Quand il s'agit d'un jour précis on n'emploie pas l'article
Je suis parti lundi.
Mais quand il s'agit d'un même jour toutes les semaines l'article est obligatoire. -
Nous avons cours *le(s)* lundi(s) (tous les lundis).

Quand on emploie un jour avec le quantième du mois, l'article défini se place devant—*le lundi 4 octobre*—sauf en tête d'une lettre lorsqu'on écrit: *lundi 4 octobre.*

J. Les négatifs

1. Toute phrase négative doit se signaler par le mot *ne* placé devant le verbe (sauf le numéro *cinq* ci-dessous où la réponse n'est qu'un mot).

2. Un mot proprement négatif se place soit au commencement de la phrase
   (Personne n'est arrivé)—soit immédiatement après le verbe
   (Je ne fais rien)—ou, dans les temps composés, après l'auxiliaire
   (Je n'ai rien fait).
   Exceptions:
   a. *Personne* se place après le participe passé (Je n'ai vu *personne*).
   b. *Que* se place devant le mot qu'il souligne (Je n'ai trouvé *qu'*une solution.).
   c. *Ni ... ni* de même (Je n'ai acheté *ni* fruits *ni* légumes). cf. p. 57 et p. 185
   A NOTER: On supprime l'article partitif avec *ni ... ni.*
   Quand il s'agit d'un infinitif à la forme négative l'adverbe se place devant l'infinitif:
   Il passe son temps à *ne rien* faire.

3. Un adjectif négatif se place devant le nom qu'il qualifie mais exige toutefois le *ne:*
   Il *n'*a lu *aucun* livre.
   Aucun livre *ne* me plaît.

4. Le mot *pas* ne peut s'employer avec un autre adverbe négatif.

5. Les mots *aucun(e)*, *rien*, *personne* peuvent s'employer sans verbe en réponse à une question:
   Qu'avez-vous fait cet après-midi? *Rien.*

6. cf. p. 47—à la lettre *o*.

K. Adverbes

1. L'adverbe se forme normalement en ajoutant *ment* au féminin de l'adjectif qui correspond.

2. Si l'adjectif se termine en *i*, ou en *u*, on ajoute *ment* au masculin (joliment, absolument).

    (attention: l'adverbe de *gai* s'écrit *gaiement*, ou *gaiment*)

    Pour les adjectifs en *ant* et *ent*, mettez *amment* ou *emment* (constant-constamment, fréquent-fréquemment).

    Exception: lent-lentement.

3. La question de la force de l'adverbe dépend de sa place dans la phrase. A sa place normale après le verbe, l'adverbe a le moins d'importance: J'ai répondu *immédiatement* à la lettre que j'avais reçue.

4. A la fin de la phrase il a plus d'importance:

    Il fait beau pour notre pique-nique, heureusement.

5. En tête de la phrase il a beaucoup de force:

    Heureusement, il fait beau pour notre pique-nique.

    Heureusement qu'il fait beau pour notre pique-nique.

6. Il y a sept adverbes de lieu et de temps qui aux temps composés ne peuvent pas se placer entre l'auxiliaire et le participe passé:

aujourd'hui	ici	tôt
demain	là	tard
hier		

L. Les nombres

1. En ajoutant *aine* à un nombre on obtient une approximation une vingtaine (un peu plus ou un peu moins de 20).

    Exception: une douzaine veut dire exactement 12.

2. Les nombres cardinaux sont invariables en genre (sauf un, une) et en nombre (sauf quatre-vingts et les multiples de cent, deux cents, trois cents, etc.).

3. Quatre-vingts et les multiples de 100 laissent tomber le *s* devant un autre nombre. Ex. quatre-vingt-un, deux cent un.

4. Tous les nombres composés au-dessous de 100 ont un trait d'union sauf 21, 31, 41, 51, 61, 71 où il y a la conjonction *et* sans trait d'union. Ex. vingt et un, quatre-vingt-un.

5. Cent et mille ne sont jamais précédés de *un*.

    N.B. *Mille* est invariable aussi bien que *mil*, la forme employée dans l'énoncé des dates:

    deux *mille* ans

Ce livre a été écrit en *mil* neuf cent soixante-douze (ou en dix-neuf cent soixante-douze).

6. Pour indiquer une fraction décimale, on emploie la virgule, e.g. deux francs cinquante s'écrit 2,50 (mais il faut prononcer le *c* de *francs* à la place de la virgule).

7. Les fractions se forment normalement par un cardinal et un ordinal:

   1/8   un huitième
   12/13   douze treizièmes
   Mais il y en a trois qui sont irrégulières:
   1/2 = un demi
   1/3 = un tiers
   1/4 = un quart.

8. Si un nombre dépasse 999 on met un *point*: 3.999 veut dire trois mille neuf cent quatre-vingt-dix-neuf.

 Une Longue Semaine

Pour désigner un jour de la semaine prochaine plutôt que le même jour de la semaine actuelle, on dit mardi *en huit*, mercredi *en huit*, etc. De même, *il y a eu huit jours*, mardi indique un mardi de la semaine passée, etc. Pour indiquer deux semaines, on dit dans *quinze jours* ou il y a *quinze jours*.

15 ■ A Pot Pourri of Petits Pièges

Here you will find a pot pourri of random items where French usage and ours differ, indeed are sometimes the direct opposite of one another. The use of the lower case in adjectives of nationality may seem of minor importance, but these slight differences are often fascinating. And it gives one such a feeling of linguistic *savoir faire* to know these things and be able to observe them.

A. Les majuscules

En français on n'emploie les majuscules ni pour les adjectifs de nationalité (le drapeau *français*), ni pour les langues (il est défendu de parler *anglais* en classe).

B. Les noms propres

En français ces noms ne prennent pas de *S* au pluriel.
Les Dupont et *les Duval* sont arrivés hier soir.

C. L'heure

Les Français emploient l'horaire de 24 heures, mais rarement dans la conversation. On écrit:
Le train pour Bordeaux part à 17 h 30.
Mais on dit:
Le train pour Bordeaux part à cinq heures et demie de l'après-midi.

191

D. Les invitations

Pour accepter: M. et Mme Jean Dupont remercient M. et Mme Maurice Duval de leur aimable invitation à laquelle ils se rendront avec le plus grand plaisir.
Pour regretter: à laquelle ils regrettent vivement de ne pas pouvoir se rendre.

E. Quelques formules de politesse

je vous en prie	veuillez (ou, voudriez-vous)
enchanté	plaît-il?
s'il vous (te) plaît	veuillez agréer
de grâce	rappelez-moi au bon souvenir de
il n'y a pas de quoi	aux bons soins de
de rien	voulez-vous vous donner la
pardon	peine de

F. L'ancienne monnaie (adoptée en 1726)

4 liards	= 1 sou
12 deniers (ou liards)	= 1 sou
20 sous	= 1 livre tournois (ou franc)
3 livres	= 1 écu
24 livres	= 1 louis (ou pistole)

Bien que l'usage du mot *sou* ait disparu avec la fin de la Troisième République (1940), avant cette date on employait le terme en citant les prix. Il y avait cinq centimes dans un sou, par conséquent vingt sous dans un franc. On disait couramment "dix sous" pour cinquante centimes, "vingt sous" pour un franc, et "cent sous" pour cinq francs.

G. Gue et guë

Tout le monde sait que le féminin de *long* s'écrit *longue*, et que le *u* est ajouté pour indiquer que le *g* se prononce comme en *garçon*. Bon. Regardez maintenant un adjectif qui termine en *u* au masculin singulier, *aigu*, *ambigu*. Le féminin fait *aiguë, ambiguë*. Le tréma (les deux petits points comme dans le mot Noël) nous rappelle que le *u* s'y trouve normalement dans les mots *aigu* et *ambigu* et n'est pas ajouté. Nous voilà bien avancés! Horace a dit, "Parturient montes nascetur ridiculus mus." C'est le mot *ridiculus* qu'il faudrait retenir.

H. Plus

Ce mot est normalement suivi par *que*.
Il parle plus vite *que* moi.
Mais s'il s'agit d'une quantité, la préposition *de* s'emploie.
Il fait plus *de* quinze fautes par page.

I. *Tout* adverbe

Lorsque *tout* modifie un adjectif féminin qui commence par une consonne ou un *h* aspiré, il s'écrit *toute* ou *toutes*:
Elle est *toute* fatiguée.
Elles sont *toutes* fatiguées.
Elle est *toute* honteuse.
Mais:
Elle est *tout* intimidée.
Elles sont *tout* heureuses.

J. Tu ou vous ?

Un des problèmes pour l'Anglophone apprenant le français est l'existence de deux pronoms à la deuxième personne du singulier. On a tendance à oublier qu'il y a deux formes en anglais aussi mais, les Quakers à part, notre équivalent du mot *tu* ne s'emploie que pour les conversations avec Dieu.

Le Français utilise *tu* en parlant avec les membres de sa famille, les amis intimes, les collègues, les animaux, les objets inanimés. Les enfants s'en servent sans réserves, mais en grandissant ils commencent à observer les nuances. Les maîtres dans les écoles primaires disent *tu* en parlant

à un élève, mais dans les lycées et les collèges ils emploient toujours le
vous. Dans un roman policier, si un inspecteur dit *tu* à un suspect, cela
indiquerait que, dans son opinion, un tel suspect est coupable. Dans
un roman d'amour, l'emploi du *tu* révélerait assez clairement ce qui se
passe entre le héros et l'héroïne. Autrefois, dans certains milieux, les
enfants disaient *vous* à leurs parents et aux autres membres de la famille
plus âgés qu'eux; aujourd'hui cette coutume a disparu et le *tu* devient
de plus en plus répandu. Autrefois on disait *Vous* en s'adressant à Dieu,
la tendance actuelle est de Le tutoyer.

K. Les noms composés

Les noms composés de rue, d'avenue, de boulevard, de place, de
square, de pont, etc. s'écrivent avec des traits d'union.
l'impasse du Chat-qui-pêche
la rue Saint-Jacques

A NOTER: Les mots *rue, impasse, avenue, place* s'écrivent avec des
minuscules.

L. Leur chapeau ? Leurs chapeaux ?

Bon démocrate que vous êtes vous comprenez la doctrine qu'un
homme n'a qu'un vote. Les Français poussent cette idée un peu plus
loin dans les phrases suivantes:
Ils y ont donné *la vie*.
Les chiens ne cessaient de remuer *la queue*.
Tous les hommes ont ôté *leur chapeau*.
En anglais, évidemment, tous ces compléments directs seraient au
pluriel.

M. Les mains ? Leurs mains ?

Le Français considère qu'en général il est inutile de dire deux fois la
même chose. Donc il mettrait, "Les enfants se sont lavé *les* mains,"
et non pas "*leurs* mains." Puisqu'ils *se* lavent, les *mains* en question

ne pourraient être à d'autres. Pourtant, on dit, "Ils se sont lavé *leurs* mains sales," et non pas "*les* mains sales". Lorsque la partie du corps est modifiée (*sales*) on a besoin de l'adjectif possessif pour éviter l'équivoque. Cet adjectif possessif peut suggérer une condition habituelle: Il se plaint de son oreille = (de l'oreille qui le trouble habituellement). Il traîne sa jambe malade = (cette jambe est affligée en permanence).

■ *Le Traversin*

Le lit en France se fait autrement que chez nous. On a un traversin qui se place sous le drap de dessous et traverse toute la largeur du lit à sa tête. Il ressemble à un immense saucisson. Il y a aussi des oreillers pareils à ceux que nous avons qu'on emploie lorsqu'on lit ou mange au lit et aussi quelquefois en plus du traversin pour dormir.

16 ■ Geography

Geography is seldom taken very seriously these days, at least not in high school and college. Students, as a consequence, sometimes have a pretty shaky notion even of where countries are. For the American student of French there is the further complication that names are spelled differently, that some countries are masculine, although most are feminine, that different rules apply. Since these rules are to be found in any grammar, we have not gone through them again. We do draw attention to some matters not usually covered in standard grammars.

1. The United States
2. Cities spelled differently in French
3. French cities spelled differently in English
4. European countries
5. Several other countries

1. **Les Etats-Unis**
   Les noms de tous les états s'écrivent comme en anglais sauf:

la Californie	la Louisiane
la Caroline (du Nord, du Sud)	le Nouveau-Mexique
la Floride	la Pennsylvanie
la Georgie	la Virginie

   On dit *en* Californie, *en* Caroline du Nord, *en* Floride, etc., lorsque l'état est féminin. Quand il est masculin on dit *dans le*: *dans le* Nouveau-Mexique, *dans l'*Iowa, *dans le* Massachusetts, etc.

2. Quelques villes dont l'orthographe en français n'est pas comme en anglais:

Anvers (Belgique)	Bruxelles (Belgique)
Athènes (Grèce)	Le Caire (Egypte)

Copenhague (Danemark)	La Haye (Hollande)
Douvres (Angleterre)	Londres (Angleterre)
Edimbourg (Ecosse)	Moscou (U.R.S.S.)
Gand (Belgique)	La Nouvelle-Orléans (E.U.A.)
Gênes (Italie)	Varsovie (Pologne)
Genève (Suisse)	Venise (Italie)
La Havane (Cuba)	Vienne (Autriche)

3. Trois villes françaises dont l'orthographe en anglais est différente:

Lyon	(pas de *s*)
Marseille	(pas de *s*)
Reims	(pas de *h*)

4. Pays européens (ceux qui se terminent par *e* sont du féminin, les autres du masculin):

Allemagne	Italie
Angleterre	Norvège
Autriche	Pays-Bas (pl.)
Belgique	Pologne
Bulgarie	Portugal
Danemark	Roumanie
Ecosse	Russie
Espagne	Suède
Finlande	Suisse
Grèce	Tchécoslovaquie
Hollande	Turquie
Hongrie	U.R.S.S. (féminin)
Irlande	Yougoslavie

5. Quelques autres pays:

l'Algérie, f.	la Chine	le Maroc
l'Argentine, f.	l'Egypte, f.	le Mexique
le Brésil	l'Inde, f.	le Pérou
le Chili	le Japon	la Tunisie

17 ■ The Metric System

It seems likely that the metric system will one day be universally adopted. In the meantime, competing systems cause much confusion and needless expense.

Pour mesurer une étoffe:	le mètre
Pour mesurer un liquide:	le litre
Pour mesurer le poids:	le gramme
Pour mesurer les surfaces:	les mètres carrés
Pour mesurer la superficie:	un hectare
Pour mesurer les volumes:	les mètres cubes

Préfixes des multiples (du grec):

    10 = *déca*
   100 = *hecto*
  1000 = *kilo*

Préfixes des sous-multiples (du latin):

   1/10   = *déci*
   1/100 = *centi*
   1/1000 = *milli*

Table des Conversions

LES TEMPERATURES

F	C	F	C
212	100	60	15
100	38	50	10
90	32	40	4
80	27	32	0
70	21	25	−4

LES POIDS					LES TAILLES	
Lb	Kg	Lb	Kg	5′	1,524 m	
1	0,450	130	58,5	5′6″	1,676 m	
5	2,250	140	63,–	5′8″	1,726 m	
10	4,500	150	67,5	5′10″	1,777 m	
20	9–	160	72,–	6′	1,828 m	
50	22,5	170	76,5	6′2″	1,878 m	
100	45,–	180	81,–	6′4″	1,928 m	
120	54,–					

Si vous achetez:

DES SOULIERS		DES CHEMISES D'HOMME		DES CHEMISIERS DE FEMMES	
U.S.A.	France	U.S.A.	France	U.S.A.	France
5	38	14	36	10-32	40
6	39	14½	37	12-34	42
7	40	15	38	14-36	44
8	41	15½	40	16-38	46
9	42	16	41	18-40	48
10	43	16½	42		

N.B. Si vous achetez des souliers on vous demande votre *pointure* (de même pour les chapeaux et les gants). Par contre, s'il s'agit d'autres vête ments, on vous demandera plutôt votre *taille*.

Si vous conduisez une auto:

1 mile = 1609 m.

30 mh = 48 km/h
40 mh = 64 km/h
50 mh = 80 km/h
60 mh = 95 km/h
70 mh = 112 km/h

Miscellanées:

Un mètre	= circa 39 inches
Un kilomètre	= circa .621 mile
Un litre	= circa 1¾ pints
Un gramme	= circa 0.35 ounce
Un hectare	= circa 2½ acres

18 ■ Final Cautions

And here in conclusion we offer you a few tips about some of the differences in our two cultures. Little things to be sure, but it is through respecting just such customs that we foreigners pay a much appreciated compliment to our hosts. Ignore them, and you will be judged accordingly, either too proud to adapt or too ignorant to know. Remember, when we visit France or any French-speaking country, we are all American ambassadors, playing our part in creating healthy international relations.

A. Argot

The use of argot is a problem for the foreigner. It is all too easy to pick up, especially when associating with the young. And it is a valuable asset for understanding contemporary literature, theatre and films. But three items of caution:
1. Remember that it is always more shocking to hear a foreigner utter an obscenity than a native.
2 Foreigners cannot always distinguish between mere slang and outright vulgarity.
3. This year's slang may be next year's old hat.

B. Forms of address

The French are not as quick as we to call people by their first names. Obviously, boys and girls of the same age would do so, but with adults the use of *Monsieur, Madame, Mademoiselle* continues for quite some time. One would never start using a first name immediately upon being introduced. But, here again, formality is beginning to disappear, and the French are becoming more relaxed in these matters.

C. Letters

Writing letters in French is not as easy as it might seem even to the student who has good command of the writing skill. In the first place, when you begin a letter with the word *cher* you mean just that. With business letters, letters to persons you do not know or know slightly, in short to people who are in no way dear to you, start simply by the word *Monsieur* (or *Madame* or *Mademoiselle*). Save your *chers* for your family and friends.

When it comes to the conclusion, American and French usage vary even more. You cannot get away with a simple "imaginez une fin polie". The conclusion is tricky and complicated, but even in business correspondance one must be what to the Anglo-Saxon would seem flowery. Here are two examples which might be useful:

For business: "Veuillez agréer, Monsieur, l'assurance de mes sentiments les plus distingués,"

For less commercial letters: "Je vous prie de bien vouloir trouver ici l'assurance de mes sentiments les meilleurs."

All sorts of variations may be used, but don't try to get away with a "bien sincèrement" or any other two-word conclusion until you are very well acquainted with the person to whom you are writing.

D. Shaking hands

It must be remembered that shaking hands is considered basic courtesy among the French, who shake hands whenever they meet, and — if they stop and talk for a while — shake hands again upon separating. A gentleman will kiss the hand of any married woman instead of shaking it.

It is also the custom to kiss friends on both cheeks, not on one only as in the States. It is not unusual for men to observe this custom, too, particularly in the family.

E. Envoi

We end this book with two very definite impressions, that we have learned a great deal about a very complex language, and that there is a great deal more for us to learn. And so we add one request. Won't you help us by sending us your reactions, your suggestions, categories you would like to see added, additions to those we already have, other stumbling blocks, anything that would make the path for both teachers and students easier? We have no other ambition than to serve the cause of greater fluency in the French language and greater appreciation of the civilization it reflects.

 Les Dates

Souvent en français l'usage est juste le contraire du nôtre Nous écririons par exemple 12/7/41 pour la date de Pearl Harbor; un Français la mettrait ainsi: 7/12/41.

 Table des Matières

Si vous ouvrez un livre quelconque pour chercher la table des matières, ne soyez pas surpris de ne rien trouver au commencement du bouquin. En France, cette table se trouve invariablement à la fin du livre, après tout le reste. Encore un petit exemple des différences entre ce qui se fait dans un pays et ce qui se fait dans un autre.

■ Une Mini-Bibliographie

M. Fischer, G. Hacquard, *A la découverte de la grammaire française*, Hachette, Paris, 1959.

Grammaire Larousse du français contemporain, Librairie Larousse, Paris, 1966.

M. Grevisse, *le Bon Usage, grammaire française*, Editions J. Duculot, Gembloux, 1969 (neuvième tirage).

M. Grevisse, *Problèmes de langage*, Editions J. Duculot, Gembloux, 1964.

Nouveau Petit Larousse, Librairie Larousse, Paris, 1969.

P. Robert, *le Petit Robert*, Société du Nouveau Littré, Paris, 1967.

A. Thomas, *Dictionnaire des difficultés de la langue française*, Larousse, Paris, 1971.

■ *Table de Multiplication*

L'insecte qui en anglais n'a que cent pattes, *centipede*, se multiplie de façon alarmante en français puisqu'il se nomme *mille-pattes*.

■ Index

Cet index ne contient pas les mots qui font partie des listes différentes (homonymes, faux amis, etc.). Si vous cherchez par exemple les pièges orthographiques, vous n'avez qu'à consulter la Table des Matières qui vous indiquera où se trouve la catégorie qui pourrait vous aider. Il y a bien entendu certains mots comme aller, peine, savoir, traités plusieurs fois, qui par conséquent ont trouvé droit de cité ici. Mais, comme chaque partie du livre est présentée en ordre alphabétique, il nous a semblé inutile que ces groupements soient reproduits une seconde fois.

206 INDEX